DIÁRIO PARISIENSE E OUTROS ESCRITOS
A nova literatura francesa de Proust, Gide e Valéry

edição brasileira©   Hedra 2020
organização©   Carla Milani Damião e Pedro Hussak
tradução©   Carla Milani Damião e Pedro Hussak

coordenação científica e editorial da Coleção W.Benjamin   Amon Pinho
supervisão técnica e de tradução   Francisco Pinheiro Machado

edição   Jorge Sallum
coedição   Suzana Salama
editor assistente   Paulo Henrique Pompermaier
capa   Lucas Kröeff
ISBN   978-85-7715-600-9

*Grafia atualizada segundo o Acordo Ortográfico da Língua
Portuguesa de 1990, em vigor no Brasil desde 2009.*

*Direitos reservados em língua
portuguesa somente para o Brasil*

sobre o fomento à tradução   A tradução desta obra recebeu o apoio do Goethe-
Institut, que é financiado pelo Ministério de Relações Exteriores da Alemanha.

EDITORA HEDRA LTDA.
R. Fradique Coutinho, 1.139 (subsolo)
05416-011, São Paulo-SP, Brasil
Telefone/Fax +55 11 3097 8304

editora@hedra.com.br
www.hedra.com.br

Foi feito o depósito legal.

DIÁRIO PARISIENSE E OUTROS ESCRITOS
A nova literatura francesa de Proust, Gide e Valéry

Walter Benjamin

Carla Milani Damião e Pedro Hussak (*organização e tradução*)

DIREÇÃO DA COLEÇÃO W.BENJAMIN
Amon Pinho
Francisco Pinheiro Machado

1ª edição

hedra

São Paulo   2020

Walter Benedix Schönflies Benjamin nasceu a 15 de julho de 1892, em Berlim, primogênito de uma família abastada de origem judaica. Entre 1912 e 1915, estudou Filosofia em Freiburg e Berlim, tendo-se engajado, até 1914, no Movimento da Juventude. Ainda em 1915, ano em que inicia sua amizade com Gerhard Scholem, muda-se de Berlim para Munique, onde prossegue com seus estudos universitários. Casa-se em 1917 com Dora Sophie Pollak e, tempos de Primeira Grande Guerra, instalam-se na Suíça. Em Berna, onde nasce seu filho Stefan Rafael e conhece Ernst Bloch, doutora-se em 1919 com a tese *O conceito de crítica de arte no romantismo alemão*. Retorna a Berlim e, em função da crise do pós-guerra, começa a enfrentar problemas financeiros que perdurarão. Publica, em 1922, o ensaio *"As Afinidades eletivas de Goethe"*. Durante os anos de preparação de sua tese de livre docência, *Origem do drama barroco alemão*, conhece Theodor Adorno, Siegfried Kracauer e Asja Lacis, aproxima-se do materialismo histórico e das vanguardas artísticas. Recusada pela Universidade de Frankfurt em 1925, a tese foi publicada em 1928, quando também sai o livro *Rua de mão única*. Nesse ínterim, traduz Proust, colabora em jornais e revistas e inicia seu projeto acerca das passagens parisienses, do qual se ocupou, com interrupções, por todos os anos seguintes, deixando-o, no entanto, inacabado. Em 1929 conhece Bertolt Brecht, e começa a trabalhar na produção e locução de peças radiofônicas que, posteriormente, se desdobram na elaboração de suas memórias *Crônica berlinense* e *Infância berlinense por volta de 1900*. Em 1933, com a instauração do regime nazista, exila-se, morando sobretudo em Paris, e passa a colaborar com o Instituto de Pesquisa Social, que estava sob a direção de Max Horkheimer. Entre seus escritos mais conhecidos, desse período em diante, estão: "A obra de arte na época de sua reprodutibilidade técnica", "O contador de histórias: considerações sobre a obra de Nikolai Leskov", "A Paris do segundo império em Baudelaire", "Sobre alguns temas em Baudelaire" e "Sobre o conceito de história". Este último, redigido meses antes de Benjamin, em pernoite no município espanhol de Portbou, vendo como fracassada sua tentativa de fuga da polícia nazista, ser levado ao suicídio em 26 de setembro de 1940.

Diário parisiense e outros escritos reúne quinze textos de Walter Benjamin dos anos de 1926 a 1936, dentre eles um diário redigido em Paris, que dá nome ao livro e, assim como outros títulos nele coligidos, é inédito em português. A seleta de textos remete fundamentalmente ao trânsito entre Alemanha e França, realizado por Benjamin em vários sentidos: literário-crítico, filosófico, artístico, político e biográfico. Trânsito a partir do qual constituíram-se tanto as análises originais de Benjamin acerca de Marcel Proust, André Gide e Paul Valéry, o "triângulo equilátero da nova literatura francesa", quanto o seu "lugar" como crítico literário autêntico, judeu-alemão e refugiado político, inserido no debate literário francês do período entreguerras.

Carla Milani Damião é professora da Faculdade de Filosofia e dos Programas de Pós-graduação em Filosofia e em Arte e Cultura Visual da Universidade Federal de Goiás (UFG). Entre outras publicações, é autora do livro *Sobre o declínio da "sinceridade": Filosofia e autobiografia de Jean-Jacques Rousseau a Walter Benjamin* (2006) e organizadora de coletâneas, entre as quais: *Confluindo tradições estéticas* (2016), *Estética em preto e branco* (2018) e *Estéticas indígenas* (2019).

Pedro Hussak van Velthen Ramos é professor de Estética na Universidade Federal Rural do Rio de Janeiro (UFRRJ), onde atua nos cursos de graduação e pós-graduação em Filosofia. Colabora também no Programa de Pós-Graduação em Estudos Contemporâneos das Artes da Universidade Federal Fluminense (UFF). Entre outros títulos, publicou como organizador *Educação Estética: de Schiller a Marcuse* (2011) e foi editor de dossiês temáticos sobre Jacques Rancière e arte contemporânea.

Coleção Walter Benjamin é um projeto acadêmico-editorial que envolve pesquisa, tradução e publicação de obras e textos seletos desse importante filósofo, crítico literário e historiador da cultura judeu-alemão, em volumes organizados por estudiosos versados em diferentes aspectos de sua obra, vida e pensamento.

Amon Pinho é Professor Associado na Universidade Federal de Uberlândia (UFU) e Pesquisador Associado no Centro de Filosofia da Universidade de Lisboa (CFUL). Atua nas áreas de História e Filosofia, com ênfase em Teoria e Filosofia da História e História da Filosofia Contemporânea. Entre seus temas de eleição, dedica-se à pesquisa e ao estudo da vida e obra de Walter Benjamin.

Francisco De Ambrosis Pinheiro Machado é Professor Associado na Escola de Filosofia, Letras e Ciências Humanas da Universidade Federal de São Paulo (UNIFESP). Pesquisa sobre filosofia da história, teoria crítica da cultura e estética na obra dos autores vinculados à Teoria Crítica, sobretudo Walter Benjamin.

Sumário

Abreviaturas 9
Apresentação, *por Carla Milani Damião* 11

O AMBIENTE CRÍTICO-LITERÁRIO DE PARIS . 29

Três franceses 31
O comerciante no poeta 37
Cabeças parisienses 41
Diário parisiense 53

O TRIÂNGULO EQUILÁTERO DA NOVA LITERATURA FRANCESA 85

PAUL VALÉRY 87
Paul Valéry na *École Normale* 89
Paul Valéry – Em seu sexagésimo aniversário 93
Anotações para o ensaio sobre Paul Valéry 101

MARCEL PROUST 105
Imagem de Proust. 107
Proust-Papiere 129

ANDRÉ GIDE 159
André Gide e a Alemanha. 161
Conversação com André Gide. 167
A vocação de Gide 179
Édipo ou o mito racional. 197

CARTAS PARISIENSES 205

Carta parisiense I
André Gide e seu novo adversário 207
Carta parisiense II
Pintura e fotografia 225

Abreviaturas

G.S.	*Gesammelte Schriften* [Escritos Reunidos]
N. de W.B.	Nota de Walter Benjamin
N. O.	Nota do Organizador (Carla Milani Damião ou Pedro Hussak)
N. T.	Nota do Tradutor (Carla Milani Damião ou Pedro Hussak)

Apresentação

CARLA MILANI DAMIÃO

O presente volume da Coleção Walter Benjamin tem por objetivo chamar a atenção do leitor para alguns escritos de Benjamin que atravessaram uma década, a de 1926 a 1936. São textos de particular importância para nosso pensador que presumia ser, segundo diz Gershom Scholem, o único crítico autêntico[1] da literatura alemã.[2] Sabemos que o sentido de crítica em Benjamin não está isolado no empenho de sua pena crítica literária, e sim permeado, de partida, pela reflexão filosófica empreendida em sua tese de doutorado, *O conceito de crítica de arte no romantismo alemão*. Importante notar que o caráter legítimo ou autêntico de crítica que ambicionava não era comum a

---

1. No original "echter Kritiker": crítico legítimo, autêntico, verdadeiro ou original.

2. O contexto da carta de Gershom Scholem a Benjamin (Walter Benjamin, *Gesammelte Briefe*, vol. I. Organização de Gershom Scholem e Theodor W. Adorno. Frankfurt a. M.: Suhrkamp, 1978, p. 511), enviada de Jerusalém e datada de 20 de fevereiro de 1930, alude à ambição de Benjamin de se tornar o único crítico legítimo de literatura alemã ("speziell von der Warte Deiner präsumptiven Stellung als einziger echter Kritiker der deutschen Literatur aus keine Notwendigkeit eines Weges zum Hebräischen abzusehen ist"). Note-se que, no comentário de Scholem, há uma queixa ao detectar o distanciamento com o aprendizado do hebraico.

seus contemporâneos, pouco ou nada ortodoxo em comparação com a crítica que era realizada então. É nesse sentido que os escritores franceses, em particular Proust, tornam-se não apenas o objeto de sua crítica literária, mas coautores de um sentido de crítica inusitado. Soma-se a essa relação o convívio com críticos literários franceses que se dedicaram aos escritores para os quais chamamos a atenção nesse volume: Proust, Valéry e Gide.

Além da atenção dedicada aos escritores franceses, os textos reunidos neste volume dão-nos notícias do trânsito entre Alemanha e França percorrido por Benjamin em vários sentidos: literário-crítico, filosófico, artístico, político e biográfico. Nesse trânsito, procuramos pelo "lugar" de Benjamin, como esse crítico literário exemplar, judeu-alemão e refugiado político, inserido no debate literário francês no período entreguerras. "O lugar social do escritor francês na atualidade", título[3] de um dos ensaios mais importantes de Benjamin no período considerado, ao lado do ensaio "O autor como produtor"[4] e das "Cartas parisienses I e II"[5] traduzidas neste volume, são claros

---

3. Segundo a tradução de João Barrento. Cf. Walter Benjamin. *Estética e sociologia da arte*. Belo Horizonte: Autêntica, 2017, p. 79–107.

4. Título de uma suposta "Conferência pronunciada no Instituto para o Estudo do Fascismo em Paris, 27 de abril de 1934". De acordo com os editores dos *Gesammelte Schriften* (*Escritos reunidos*), Rolf Tiedemann e Hermann Schweppenhäuser, Benjamin dá a entender a Adorno que a conferência ainda iria acontecer, em carta enviada no dia 28 de abril daquele ano, porém os editores afirmam com precisão que a conferência não foi efetivamente realizada e que não havia apresentação de conferências no mencionado Instituto para o Estudo do Fascismo. Cf. Walter Benjamin, *Gesammelte Schriften*, vol. II-3. Frankfurt a. m.: Suhrkamp, 1991, p. 1460–1463.

5. Cf. C. Kambas, verbete de *Benjamins-Handbuch: Leben-Werken-Wirkung*. Organização de Burkhardt Lindner. Stuttgart: J. B. Metzler, 2011, p. 420–436.

APRESENTAÇÃO

exemplos do lugar político e social que o crítico assumia à época, quando exigia-se dos intelectuais um posicionamento político em face do tempo em que viviam. A retórica utilizada por Benjamin remete a Brecht, sem dúvida, com quem dialogava no período, mas refletia igualmente o modo de expressão do contexto literário francês. Ele participa, em junho de 1935, do *Congrès International des écrivains pour la défense de la culture*, que tem por presidente e personagem central André Gide, condutor do debate ao redor do qual redemoinham polêmicas. Nesse lugar, e momento, Gide é lançado ao "olho do furacão".[6]

No período que antecede o exílio de Benjamin, há o ambiente de intercâmbio cultural, literário e crítico na Alemanha que já estabelecia o diálogo com os escritores franceses, de forma a tematizar a relação existente, seja na divulgação de obras, seja no trabalho de tradução destas. Da entrevista com Gide realizada em 1928, vertida em dois textos diferentes,[7] ao "Diário parisiense", do final de 1929 a fevereiro de 1930, ressalta-se a preocupação com a recepção dos escritores, com as traduções e com uma ideia de abertura de fronteiras culturais. Embora André Gide, com quem se encontra pessoalmente, seja central nesse debate, Marcel Proust torna-se uma presença recorrente por meio de testemunhos dos que com ele conviveram, sendo constantemente evocado. Por isso, o ensaio sobre Proust não é a única referência a esse escritor cuja fama

---

6. T. Conner (org.). *André Gide's Politics. Rebellion and Ambivalence*. New York: Palgrave, 2000.

7. Da entrevista com Gide realizada por Benjamin em 1928, em Berlim, resultaram dois artigos aqui traduzidos — "André Gide und Deutschland. Gespräch mit dem Dichter" e "Gespräch mit André Gide" —, publicados respectivamente no *Deutsche Allgemeine Zeitung*, 29/01/1928, e na revista *Die literarische Welt*, 17/02/1928.

póstuma estava, nesse momento, sendo construída pela crítica literária. Como Proust, Paul Valéry sempre emerge nos escritos de Benjamin, seja por meio de epígrafes, de citações[8] ou nesses poucos textos escritos ora traduzidos. Apresentando temas menos diretamente direcionados à política, os textos sobre Valéry contêm a relação entre música, voz e poesia, sem descartar questões que levam ao "velho humanismo europeu", à dúvida cartesiana e ao "desaparecimento do histórico".

O interesse demonstrado por Gide, em comparação, parece ser mais extenso, tendo em vista um número maior de escritos, mas pode-se dizer que a importância de Gide como escritor deve ser, no contexto, medida ao lado de Proust e Valéry. No início da resenha "Três franceses", Benjamin, ao escrever sobre o livro *Les documentaires*, de Paul Souday, dispõe Gide ao lado de Proust e Valéry, a fim de compor "o triângulo equilátero da nova literatura francesa". Ao traçar o lugar do intelectual na França de forma negativa, ele utiliza o provérbio "para toda regra há sempre uma exceção", citando Proust e Gide como tais exceções. Os dois, a seu ver, teriam "modificado" decisivamente a técnica do romance. Coube, no entanto, à posteridade eleger Proust como o mais reconhecido entre os três. Gide, um tanto esquecido na contemporaneidade, ressurgiu associado às questões de gênero e a questões coloniais, dois temas que não passaram despercebidos a Benjamin. Em relação à questão de gênero, a seu ver, o

---

8. Algumas das citações que Benjamin faz de Valéry encontram-se em diferentes escritos, tais como: *Sobre alguns motivos em Baudelaire*, *Sobre o lugar social do escritor francês*, nas *Passagens* e a extensa citação de *La conquête de l'ubiquité*, de 1928, que, não por acaso, abre o conhecido ensaio de Benjamin *A obra de arte na era de sua reprodutibilidade técnica*.

APRESENTAÇÃO

público francês de então não possuía interesse algum no debate sobre questões sexuais ou pela polêmica que envolvia Oscar Wilde, de quem Gide era muito próximo. Por outro lado, antevendo uma crítica de muitos autores atuais ao *Corydon*, Benjamin considera a tentativa de Gide de estabelecer a homossexualidade como um "puro fenômeno natural" como inferior ao caráter sociológico que essa assume em Proust.

O papel de crítico e interlocutor entre as culturas de Benjamin é evidente neste período, tanto em relação à entrevista com Gide, às suas próprias traduções de Proust e de Baudelaire, quanto à sua leitura atenta não só de escritores, mas de críticos literários franceses. Destacam-se, neste contexto, particularmente dois críticos literários com os quais Benjamin estabelece um contato mais próximo: Léon Pierre-Quint e Ramón Fernandez,[9] dois críticos que se ocuparam também de escrever sobre Proust e Gide ao público francês, num momento em que a fama póstuma, como já ressaltamos, ainda não os distinguia. Particularmente, é com Pierre-Quint que Benjamin dialoga também sobre os insurgentes surrealistas, sobre os quais, aliás, não publicamos nenhum texto específico nesta coletânea, mas que se encontram citados em passagens como descendentes da estirpe gideana.

Pierre-Quint é citado por Benjamin como o primeiro intérprete de Proust, ao ressaltar sua percepção do humor na obra de Proust. No "Diário parisiense", há três referências a Pierre-Quint, sendo a primeira delas, em 6 de janeiro de 1930, uma citação sobre Léon-Paul Fargue. Benjamin

---

9. Algumas das observações seguintes remetem a informações presentes nos anexos do livro de minha autoria, intitulado: *Sobre o declínio da "sinceridade". Filosofia e Autobiografia de Jean-Jacques Rousseau a Walter Benjamin*. São Paulo: Editora Loyola, 2006.

DIÁRIO PARISIENSE E OUTROS ESCRITOS

considera-o como "o grande poeta lírico da França" e uma espécie de testemunha viva, de quem pôde ouvir pessoalmente histórias de sua amizade de mais de vinte anos com Proust. A segunda referência, de 11 de janeiro de 1930, está diretamente associada a Gide. Pierre-Quint fala sobre seu plano de escrever um livro sobre Gide, publicado três anos mais tarde. Essa obra em particular revela ligações com algumas observações de Benjamin sobre Gide. Em 15 de janeiro de 1933, Benjamin escreve uma carta a Pierre-Quint, agradecendo-lhe o envio do livro sobre Gide, a dedicatória e prometendo-lhe entrar em contato com a editora *Deutsche Verlag Anstalt*, de Stuttgart, para publicação da obra. Não só faria a indicação como também se ocuparia da tradução do livro, cuja intenção seria a de facilitar a negociação com a editora, responsável pela publicação das obras de Gide na Alemanha. Concorda com Pierre-Quint sobre a importância de Gide na Alemanha,[10] e, portanto, sobre a pertinência da publicação do livro de Pierre-Quint na versão alemã. Benjamin, no entanto, não chegou a traduzir a obra. A terceira referência no "Diário parisiense", de 11 de fevereiro de 1930, revela Pierre-Quint como o diretor da editora *Simon Kra* (mais tarde conhecida como *Éditions du Sagittaire*), responsável pela publicação do segundo Manifesto surrealista. Pierre-Quint entrega a Benjamin um exemplar do Manifesto e o registro dessa conversa ressalta ainda a força e a peculiaridade do movimento surrealista na França, apesar das discordâncias com as ideias e direção do movimento por Breton. No comentário, Benjamin evidencia a predileção pela produção

---

10. Cf., a respeito da importância de Gide na Alemanha, a extensa bibliografia coletada e publicada por George Pistorius em *André Gide und Deutschland*. Heidelberg: Carl Winter – Universitätverlag, 1990.

APRESENTAÇÃO

literária francesa contra a alemã. A associação de Gide com o Surrealismo, que Benjamin estabelece em "Vocação de Gide", tornando Gide uma espécie de "tio" dos surrealistas, ocorre por intermédio da personagem Lafcadio, da obra *Os subterrâneos do Vaticano*, que inaugura o gesto do "ato gratuito". Notemos que associação parecida é feita por Pierre-Quint, no anexo de seu livro sobre Gide, intitulado "André Gide, ou l'Oncle Dada",[11] no qual cita trechos de Breton e Aragon a respeito de Gide, e trechos da obra *Os subterrâneos do Vaticano*, com enfoque na personagem Lafcadio e um diálogo de Breton com Gide, que atestaria a afinidade entre eles.

Paris aos poucos vai se transformando, de um lugar cheio de referências literárias vivas ou lembradas, em um ambiente de combate. É nesse contexto que Ramón Fernandez torna-se uma presença em textos com tintas políticas mais fortes. Ramón Fernandez é, como Pierre-Quint, autor de estudos sobre Proust e Gide.[12] O estudo por ele realizado sobre Proust é conhecido por Benjamin e, como dissemos, Fernandez é citado em seu ensaio "Imagem de Proust". Benjamin diz que, "com razão", Fernandez distinguiu em Proust um "tema da eternidade" (*thème de l'éternité*) de um "tema do tempo" (*thème du temps*), acrescentando não se tratar, contudo, de uma eternidade platônica ou utópica. A associação mais direta entre os dois

---

11. L. Pierre-Quint. *André Gide. Sa vie, son œuvre*. Paris: Librarie Stock, 1933.

12. L. Pierre-Quint. *Marcel Proust. Sa vie, son œuvre*. Paris: Éditions du Sagitaire, 1935; *Comment travaillait Marcel Proust*. Paris: Éditions des Cahiers Libres, 1928; *André Gide. Sa vie, son œuvre*. Paris: Librarie Stock, 1933; R. Fernandez. *Gide*. Paris: Corrêa, 1931; *Proust*. Paris: Éditions de la Nouvelle Revue Critique, 1942. Reedição: *Proust ou la généalogie du roman moderne*. Paris: Grasset, 1979.

dá-se em torno da questão política na qual Gide é novamente muito importante. Conhecido como "homem de esquerda" e amigo de Gide, Fernandez foi escolhido para coordenar a mesa de debate com escritores cujo objetivo era arguir Gide em sua "conversão" ao comunismo. Esse debate ocorreu na associação católica *Union pour la Vérité* em 1935, e resultou na publicação da "Carta parisiense 1 – André Gide e seu novo adversário".

A imagem de Fernandez, segundo Chryssoula Kambas,[13] de homem de esquerda é reforçada. Seu "lugar" é de um estrangeiro que escreve em francês. Mas é como colaborador de longa data da *Nouvelle Revue Française* que Kambas ressalta seu engajamento, citando a "Carta aberta a André Gide", por ele escrita, que teria causado grande mal-estar aos assinantes "burgueses" da revista. Henri Peyre[14] considera Fernandez, ao lado de Thibaudet, Du Bos e Jacques Rivière, como os quatro verdadeiramente significativos críticos franceses no período entre a primeira e segunda guerras mundiais. Kambas ressalta a luta contra o fascismo como principal ideia do texto de Fernandez, a "Carta aberta a André Gide", e considera-a a maior proximidade de Benjamin com esse autor. Muitos dos conceitos de Fernandez seriam, segundo a autora, repetidos por Benjamin em seu texto "O autor como produtor", ensaio que é justamente iniciado com uma epígrafe do crítico.[15] Outro autor interessado no debate político

---

13. C. Kambas. *Walter Benjamin im Exil. Zum Verhältnis von Literaturpolitik und Ästhetik*. Tübingen: Max Niemeyer Verlag, 1983, p. 21–22.

14. Henry Peyre. *Literature and Sincerity*. New Haven/London: Yale University Press, 1963, p. 249–250.

15. "Il s'agit de gagner les intellectuels à la classe ouvrière, en leur faisant prendre conscience de l'identité de leurs démarches spiritu-

APRESENTAÇÃO

que envolvia Fernandez e Gide, Michael Lucey,[16] limita a militância de Fernandez, ao dizer com relação à atuação deste no debate por ele dirigido na *Union pour la Vérité*: "... Ramón Fernandez, um crítico da *Nouvelle Revue Française*, amigo de Gide e (por um breve período incluindo esta noite em particular) um defensor da União Soviética". Para esse intérprete, a simpatia de Fernandez com "Gide parece consistir em seu esforço para suprimir sua homossexualidade, uma supressão que só faz com que a sexualidade e o desconforto que isso provoca sejam mais evidentes".[17]

Cabe aqui observar que o "lugar do crítico" no contexto francês do período não é exatamente amigável. Fernandez, em comparação com Benjamin, é reconhecido na cena literária e escreve em francês. Benjamin, apesar do conhecimento da língua francesa, de ser tradutor de Baudelaire e Proust, escreve raramente em francês. Seu ensaio "A obra de arte na era de sua reprodutibilidade técnica" foi traduzido por Pierre Klossowski em 1936. O primeiro ensaio que Benjamin escreve e publica em francês é sobre Johann Jakob Bachofen, iniciado em 1934, já na condição de exilado da Alemanha nazista. Segundo comenta a tradutora Elisabetta Villari:

---

elles et de leurs conditions de producteur" (Trata-se de ganhar os intelectuais para a classe trabalhadora, conscientizando-os sobre a identidade de seus caminhos espirituais e de suas condições como produtores).

16. M. Lucey. *Gide's Bent. Sexuality, Politics, Writings*. Oxford: Oxford University Press, 1995.

17. No texto original: "'friendliness' to Gide seems to consist in his effort to suppress Gide's homosexuality, a suppression that only makes that sexuality and the discomfort it provokes more evident", p. 196.

DIÁRIO PARISIENSE E OUTROS ESCRITOS

O momento é difícil tanto por causa de problemas econômicos quanto porque, a partir de 1934, os "tempos já parecem escurecer": as condições dos emigrantes alemães em Paris começam a piorar. Por ora, demasiadamente numerosos na França, começam a ser aceitos: sujeitos a controles cada vez mais escrupulosos, obrigados pela polícia a apresentar todos os anos um *curriculum* elaborado em francês, com uma descrição detalhada dos deslocamentos de residências, atividades realizadas e uma série de referências. Esses documentos testemunham as contínuas mudanças de domicílio e as dificuldades materiais que Benjamin se vê forçado a enfrentar em seu exílio.[18]

Nessas circunstâncias, seu porto seguro é a Biblioteca Nacional, que lhe permite acesso ao acervo e mantém sua atividade intelectual de pesquisa. O ensaio sobre Bachofen "se constitui como um vasto panorama e se torna o pretexto para traçar uma história real da cultura alemã através da análise desta figura singular, ainda desconhecida na França, interpretada nesta perspectiva como um ponto nodal do pensamento alemão".[19] Nesse sentido, é possível perceber, na contramão, o lugar de um mediador crítico que, ao apresentar um autor alemão como Bachofen, na língua do país que o acolhe, reconstitui a discussão empreendida em sua tese de doutorado, sob as bases da crítica ao círculo de Stefan Georg, à tradição que elege o "símbolo" como central para a formatação imagética da

---

18. Elisabetta Villari. "Introduzione". In: *Walter Benjamin. Il viaggiatore solitário e il flâneur. Saggio su Bachofen*. Genova: Il nuovo melangolo, 1998, p. 13.

19. Idem, p. 13-14. Segundo Villari, "o título original, relatado no J. J. Bachofen: um mestre da 'Allemagne inconnue', utiliza precisamente o termo favorito do círculo de Stefan George, fortemente influenciado por Bachofen, como explica Benjamin em seu ensaio".

APRESENTAÇÃO

cultura alemã, e a apropriação banalizada dessa tradição pelo nazismo.[20]

A politização, portanto, é o tema que lateja nesses textos, reunidos às críticas previamente efetivadas, seja na crítica literária composta com elementos da tradição da cultura alemã, seja no contexto vivo e ativo que se impõe nesses anos de exílio. No bojo desse exercício crítico, o tema da homossexualidade é igualmente politizado de maneira, a bem dizer, inusitada, o que não escapa à observação de Benjamin. Os ataques dirigidos a Gide por Henri Massis mostram de maneira implícita e, ao mesmo tempo evidente, o imbricamento entre sexualidade e a adesão de Gide ao partido comunista ou, em geral, a relação entre sexualidade e política em Gide. Benjamin, na "Carta parisiense 1 – André Gide e seu novo adversário", traça uma pequena história das desavenças que conduziram ao debate na *Union pour la Vérité* e refere-se ao papel central dessa relação. Segundo afirma, após a publicação de *Corydon*, em 1920, no qual Gide defende a pederastia como um fenômeno natural, causando uma tempestuosa reação de seus contemporâneos, tornou-se um hábito para ele ir contra a maioria. É o que novamente ele teria feito ao publicar, em 1931, o primeiro volume de seu *Diário*, no qual descreve seu "caminho para o comunismo", o que teria novamente causado uma espessa polêmica. Benjamin, no entanto, apesar de conhecer o *Diário de volta da* URSS, não chegou a comentar esse novo redemoinho que torna Gide distanciado e malquisto pelos comunistas franceses.

---

20. Em particular pelo filósofo nazista Alfred Bäumler, que publicou *Bachofen und Nietzsche* em 1929, *Nietzsche der Philosoph und Politiker* (1931), *Aesthetik* (1934) e *Studien zur deutschen Geistesgeschichte* (1937).

François Mauriac publicou três artigos contrários na revista *Echo de Paris*. Os ataques constantes fazem com que Gide se disponha ao debate público. Benjamin nomeia o debate na *Union pour la Vérité* como o auge desse processo. Ele não menciona Fernandez ou o rol de escritores convidados, mas refere-se principalmente a Thierry Maulnier. Seu texto é uma defesa explícita de Gide — ao mesmo tempo que defende seu engajamento político, formula uma acusação ao que chama de "posicionamento fascista" de Maulnier. A publicação desse artigo em 1936 (artigo que compõe com "O autor como produtor" e o ensaio sobre a obra de arte, o tema da arte associada à luta contra o fascismo, a "politização da arte" contra a "estetização da política") sofreu, como já ressaltado, uma defasagem de tempo com relação à mudança de posicionamento político de Gide. Ou seja, Gide já havia rompido com o partido comunista quando, de volta de sua visita à URSS, passa a discordar do encaminhamento do comunismo via stalinismo e publica duas obras: *Retour de l'URSS* de 1936 e *Retouches à mon Retour de l'URSS* em 1937, ambas publicadas pela editora Gallimard.

Fernandez não é citado por Benjamin em cartas desse período. Não parece, portanto, haver uma proximidade pessoal tão clara quanto a que Benjamin manteve com Pierre-Quint. Poderíamos mesmo afirmar que sua relação com Pierre-Quint era de ordem mais especulativa e investigativa, ao passo que Fernandez traria o lado circunstancial do debate político e literário desse período de exílio na França. O tema da "luta contra o fascismo" e o tom engajado dos textos atestariam a circunstancialidade de algumas ideias desenvolvidas por Benjamin nesse período. Nesse sentido, a importância de Fernandez é também de fundo conceitual, bem como comenta Kambas a

APRESENTAÇÃO

respeito do papel do intelectual na luta de classes pensado por Fernandez (no texto já citado "Carta aberta a André Gide"), ideia acolhida por Benjamin e que inspiraria seu texto "O autor como produtor". Por outro lado, a amizade entre Benjamin e Pierre-Quint não se limitaria ao interesse puramente conceitual, já que este, como atestam as cartas, teria procurado inserir Benjamin no debate literário francês e auxiliá-lo na publicação de alguns artigos. Num gesto de reciprocidade, Benjamin havia sugerido intermediar a publicação e tradução de seu livro sobre Gide na Alemanha. O que é necessário sublinhar no interesse de Benjamin por Gide é principalmente a importância desse escritor no debate político do período, ocorrendo de diversas maneiras, seja como presidente do Congresso do Escritores em 1935,[21] seja como ativo oponente ao nacionalismo de Barrès, além da relação de proximidade e distanciamento em relação ao comunismo ortodoxo. Gide foi inegavelmente — além de polemizador — um escritor muito ativo no contexto político e, mesmo após sua morte, continuou a receber elogios ao lado de críticas mordazes. O artigo de Sartre é um exemplo notável nesse sentido. O título — "Gide vivo" — marca a oposição ao jornal comunista *L'Humanité*, o qual, por ocasião da morte de Gide em 1951, publica o seguinte comentário: *"C'est un cadavre qui vient de mourir"*.[22]

Essas críticas transitam do pessoal à obra e, às vezes, a própria obra serve como fundamentação para um ataque pessoal. O que se pode afirmar sobre esse debate "apaixo-

---

21. Cf. Thomas Conner. "Introduction". In: CONNER, T. (org.). *André Gide's Politics. Rebellion and Ambivalence*. New York: Palgrave, 2000, p. 1–11.

22. J.-P. Sartre. "Gide vivant". In: *Situations, IV*. Paris: Gallimard, 1964, p. 75–79.

nado" em torno do escritor é que Benjamin, sem dúvida, é um de seus defensores. A análise dos artigos que marcam e demarcam esse interesse parecem manter o tom polêmico que circunda a figura do escritor. Seria Benjamin um jovem admirador da obra e figura de Gide? Ou um já experiente intelectual — embora bem mais novo que Gide — que procurava apenas manter uma relação de intercâmbio político no terreno literário entre Alemanha e França? São questões levantadas por poucos intérpretes que pesquisaram o período e o interesse de Benjamin em se tornar esse crítico exemplar, um mediador entre culturas. A mediação passa por diversos meios, seja pela escrita de resenhas sobre livros, a conversação com Gide, seja pela escrita do ensaio sobre Proust, cujo valor conceitual é de fundamental importância para seu pensamento, ou ainda, na escrita de cartas, do diário e de programas de rádio. Essa proliferação de gêneros de escrita é quase sempre sujeita a uma especulação sobre os gêneros e a transgressão de sua escrita ou composição. Se Proust o motiva a dizer que sua obra é inclassificável, e que "toda grande obra inaugura seu próprio gênero", vemos em sua atividade crítica, e em seus experimentos midiáticos, uma perene audácia ao transformar e reinventar gêneros convencionais de escrita, de entrevista e ao criar experimentos midiáticos. Entre esses últimos, os programas de rádio compõem uma gama à parte de especial interesse, sendo "A vocação de Gide" e "Cabeças parisienses", exemplos desse tipo de produção midiática. A "Carta parisiense ii", ainda nesse âmbito, pouco estudada em comparação com o ensaio sobre a obra de arte e sua reprodutibilidade técnica, que marca a recepção de Benjamin no Brasil e conta com diversas traduções de suas versões, pode surpreender o leitor, tanto em seu teor político quanto em seu posici-

APRESENTAÇÃO

onamento favorável à pintura na chave da "politização da arte", como podemos ler ao final: "Eles sabem o que é hoje útil em um quadro: cada marca secreta ou visível que mostre que o fascismo encontrou no homem barreiras tão intransponíveis quanto as que encontrou no globo terrestre".

Os textos desta coletânea apresentam uma estreita e tensa relação entre política e estética, de forma a ampliar e oferecer chaves de compreensão das senhas finais de seu ensaio de referência sobre a reprodutibilidade da obra de arte: a "politização da arte" contra a "estetização da política". Mas não apenas: a crítica proustiana às "pretensões da burguesia" em camuflar sua base material, a exposição da elite como, em suas palavras, "um clã de criminosos, uma gangue de conspiradores, com a qual nenhum outro pode se comparar: a camorra dos consumidores", torna a "análise de Proust do esnobismo" algo "muito mais importante do que sua apoteose da arte, representa o auge de sua crítica social". Essas passagens são pouco lembradas em função dos profundos conceitos que se encontram presentes no ensaio sobre Proust, um esquecimento que diminui a importância da crítica política que Benjamin supõe existir em sua obra. O humor, cuja função é parte da crítica proustiana, jamais é desprezado por Benjamin, muito ao contrário. Nesse caso, o pequeno comentário que é feito de um livro de ilustrações, "O comerciante no poeta", guarda a mesma característica do humor, ao mesmo tempo que desfaz, em sua interpretação, as caricaturas desenhadas por Pierre Mac Orlan.

Por fim, Benjamin, leitor assíduo de Proust, Valéry e Gide, encontra seu lugar de crítico legítimo da literatura alemã e francesa, nesse ambiente de largos conflitos, em condição de trânsito necessário, ou melhor dito, de fuga.

Destino trágico daquele que detém a palavra e pode ser satírico. As últimas palavras da resenha "Édipo ou o mito racional" compõem com outras parábolas gideanas um quadro positivo de fuga, ao confluir o referido drama com *O filho pródigo* e *Frutos da terra*:

Um frequentador assíduo da Rotonde não poderia ter se expressado de forma mais desinibida a respeito da pergunta. É como se diante dele, nas inextrincáveis relações de sua casa, todas as misérias domésticas da pequena-burguesia (aumentadas enormemente) fossem encontradas. Édipo vira-lhes as costas para seguir os rastros dos emancipados que tomaram a dianteira: o irmão mais novo do *Filho pródigo* e o andarilho de *Frutos da terra*. Édipo é o mais velho dos grandes que partem, que receberam o aceno daquele que escreveu: *"Il faut toujours sortir n'importe d'où"*.

~

As traduções dos textos desta coletânea, em parte inéditos em língua portuguesa, seguem o caráter experimental de perto, buscando a fidelidade como critério, uma proximidade quase literal ao texto. Um trabalho de equipe, que contou diretamente, desde a proposta, com Amon Pinho, com a parceria de Pedro Hussak van Velthen Ramos na concepção e organização da coletânea e com a dedicada revisão de Francisco De Ambrosis Pinheiro Machado. No percurso da tarefa da tradução, devo agradecer também ao professor e amigo Peter Reinacher (*in memoriam*) e aos meus orientandos Mariana Andrade Santos, Fernando Ferreira da Silva e Gilmário Guerreiro da Costa, cuja paciência em ler em conjunto os esboços de tradução auxiliou a refletir sobre os textos em vários aspectos e a submetê-los a um constante trabalho de revisão. Não poderia deixar de lembrar, como ex-orientanda de Jeanne-Marie Gagne-

APRESENTAÇÃO

bin, do importante papel que sua interpretação de Walter Benjamin representou para mim e, em geral, para a recepção de seu pensamento no Brasil. De como Proust, a seu ver, representa esse eixo estruturante nas várias facetas das teorias mais ou menos compostas de Benjamin e de como é necessário ler o que ele escreveu sobre Proust para entendermos, por exemplo, suas teses em "Sobre o conceito de história", teses que encontram-se permeadas por noções já esboçadas no ensaio "Imagem de Proust".

O ambiente crítico-literário de Paris

Três franceses*

Proust, Gide e Valéry, isto é, se quisermos, o triângulo equilátero da nova literatura francesa, ao redor do qual Souday,[1] com sua pena crítica, traçou um círculo, tornando-o assim quase uma figura canônica. A isso corresponde o fato de que suas linhas correm sob uma grande folha na qual está impresso o título *Temps*. Souday é cronista literário desse jornal. Isto garante, antes de mais nada, o valor documental desta coletânea de apresentações. O descontraído que vai e vem de suas reflexões, que se repõe a cada livro, possui todas as possibilidades de tornar palpável aos leitores de hoje a atmosfera especial que existia durante o surgimento de aproximadamente 40 volumes tratados na coletânea.

---

*. "Drei Franzosen", in Walter Benjamin, *Gesammelte Schriften* [daqui em diante: GS], vol. III: Kritiken und Rezensionen. Edição de Rolf Tiedemann e Hermann Schweppenhäuser. Frankfurt a. M.: Suhrkamp, 1991, p. 79–81. Tradução de Carla Milani Damião e Pedro Hussak. Essa resenha foi publicada no Caderno de Literatura do Jornal de Frankfurt (*Frankfurter Zeitung*), em 30 de outubro de 1927. [N. O.]

1. Walter Benjamin refere-se à coletânea do jornalista e crítico literário Paul Souday, que reúne três volumes sob o título *Les documentaires*, sendo o primeiro intitulado *Marcel Proust*, o segundo, *André Gide*, e o terceiro, *Paul Valéry*, publicados em Paris, pela editora Simon Kra, em 1927. Souday é também autor do livro intitulado *Les livres du Temps* e jornalista do jornal *Les Temps*, referido por Benjamin nesta resenha apenas como *Temps*. [N. O.]

DIÁRIO PARISIENSE E OUTROS ESCRITOS

No caso de Proust, isso é o mais interessante. Souday foi, em 1913, um dos poucos que reconheceu na primeira obra da grande série — *Du côté de chez Swann*[2] — algo mais do que um emaranhado desagradável de notícias insignificantes e de meditações mórbidas. Nada mais difícil para um resenhista do que essa obra, não digo para ler, compreender, mas para apresentá-la ao público. Antes que a guerra, num só golpe, mostrasse a todos a própria existência em perspectiva extremamente reduzida, na medida em que os colocava duramente diante do fim de sua vida, a qual Proust tivera como um enfermo em seu destino; antes que a guerra formasse para ele um público, esse crítico soube trazer à luz o charme e a distinção do livro perturbador. Grande número de seus colegas precisou de seis anos para segui-lo em sua posição de vanguarda. Em seguida, em 1919, o prêmio Goncourt é concedido ao escritor e, de lá para cá, a crítica se transformou mais e mais na escrita da história de sua fama. Mas como uma "Gênese da fama", apesar do excelente estudo de Julian Hirsch,[3] ainda esteja por ser escrita, aquilo que se mostra de maneira muito diferente nos três escritores é tão cativante. Por outro lado, pode-se justamente lamentar que o ensaísta tenha tornado um tanto apagada a origem jornalística de suas anotações. Sente-se a ausência em tais coletâneas do habitual prefácio e da data de publicação de cada resenha. Seja como for: nas minúsculas nuvenzinhas do horizonte intelectual do tempo, esse olhar reconheceu a tempestade de poeira formada por uma fama que se

---

2. Em francês no original: *No caminho de Swann*, 1913. [N. T.]

3. Benjamin refere-se à obra de Julian Hirsch, *Die Genesis des Ruhmes. Ein Beitrag zur Methodenlehre der Geschichte* [*A gênese da fama. Uma contribuição para uma doutrina do método da história*]. Leipzig: Johann Ambrosius Barth, 1914. [N. O.]

TRÊS FRANCESES

aproximava. Se esse olhar então mais tarde, em todo caso, penetrou-a e compreendeu precisamente o que estava por detrás dela, é uma outra e mais complexa pergunta.

Aquilo que se pode ler aqui sobre Gide poderia tornar sua resposta duvidosa. Assim que suas primeiras obras surgiram nos anos 1890, Souday, também no que diz respeito a esse autor, inteirou-se delas de modo surpreendentemente rápido. Mas, com isso, para a sequência, nada estava ainda assegurado. Proust pode permanecer inacessível a muitos leitores. Mas, certamente, a quem ele abre-se (cada frase pode tornar-se a fresta deste sésamo), sente-se, de uma vez por todas, em casa, em seu círculo mágico. Nada de semelhante ocorre com Gide. Aqui, feitiço e magia não têm lugar. Pois ele pertence àquela terrível classe de escritores que não enxerga no público a humanidade, deus ou a mulher, mas a besta. Gide — nisto, próximo a Oscar Wilde — é um domador de palavras (*dompteur ès lettres*).[4] Um público adestrado na liberdade é seu sonho. E ouvia-se o rugido[5] por toda Paris, que acabou arruinando

---

4. Segundo o organizador Heinrich Kaulen (*Walter Benjamin. Werke und Nachlass. Kritische Gesamtausgabe*, vol. 13.2. Berlim: Suhrkamp, 2011, p. 86–88), o próprio Gide se referia a Baudelaire como "Magicien ès lettres françaises", certamente em referência à dedicatória inicial de *As flores do mal* de Baudelaire ao poeta Théophile Gautier: "Au poète impeccable/Au parfait magicien ès lettres françaises...". [Ao poeta impecável/ ao perfeito mágico das letras francesas/ a meu caríssimo e veneradíssimo/ mestre e amigo/ Théophile Gautier/ com os sentimentos/ da mais profunda humildade/ dedico/ estas flores doentias (tradução de Ivan Junqueira)]. [N. O.]

5. Em alemão, *Das Grollen* pode significar o ressentimento ou o rancor. Neste caso, o comentário de Heinrich Kaulen (*ibidem*, p. 102) é voltado para a reação da opinião pública diante da confissão feita por André Gide, nas obras citadas na sequência, de sua homossexualidade. Cauteloso, o organizador supõe ser isso, mas supõe também ser uma

alguns números da obra, nos quais se pensou mostrar seu domador. Dessas novas insubordinações, Souday não está totalmente isento de culpa.

Mas ele não seria resenhista do *Temps*, não seria o culto e espirituoso representante de um centro burguês consolidado, se não defendesse contra os *Les faux-monnayeurs*,[6] o *Corydon* e a bela autobiografia de Gide, publicada sob o título *Si le grain ne meurt*,[7] os direitos do instinto "saudável", mesmo com certa falta de consideração. Pois, por mais que esse jornalista evidencie teimosamente suas máximas e caprichos, no fundo, ele foi educado pelas melhores tradições da burguesia francesa. Hugo é seu Deus; o clero, seu lenço vermelho, e a democracia, sua profissão de fé. Um racionalismo inteiramente humanista faz dele, então, por si mesmo, um dos intérpretes de Valéry mais interessantes entre muitos nem sempre bem vindos. Conhece-se esse poeta e filósofo como o mais significativo entre os oponentes da corrente surrealista, da psicologia profunda, da corrente psicanalítica, dos cultos do inconsciente e da inspiração. Isso não pôde evitar que, a partir do momento de sua fama, quando os contornos desta surpreendente existência perderam a precisão, à medida que a atenção do público aumentava, que então um abade[8] um tanto espirituoso se apoderasse de alguns de

---

reação, de ordem política, à publicação de *Voyage au Congo*, em 1927, embora esta obra não esteja citada na resenha em questão. [N. O.]

6. Em francês no original: *Os moedeiros falsos*, 1925. [N. T.]

7. Em francês no original: *Se o grão não morre*, 1924. [N. T.]

8. Benjamin refere-se aqui ao abade Henri Bremond e ao debate sobre a "poesia pura", que durou algumas décadas na França, em parte motivado pelos três livros do abade — *La poésie pure* (1925–1926), *Prière et poésie* (1926), *Racine et Valéry* (1930) —, e pela proposição de que toda poesia advém do divino. [N. O.]

TRÊS FRANCESES

seus melhores pensamentos e uma pálida e insignificante discussão sobre a afinidade entre poesia pura (*poésie pure*) e oração se espalhasse durante meses nas revistas. Nessa discussão com os mesmos devaneios, aos quais Valéry presta-se (não em nome de sua honra), encontra-se este homem com seu elemento mais íntimo: a polêmica. E se, assim, afasta-se dos tipos medianos da crítica francesa, tornar-se-á então, justamente nesse aspecto, ainda mais acessível aos leitores alemães. Para eles, esses três pequenos volumes compõem o mais agradável esboço que poderiam desejar da mais nova luta literária francesa.

O comerciante no poeta[*]

> Todo autor tem um jeito próprio de vender sua mercadoria; — de minha parte, não gostaria de, diante da morte, ficar numa loja escura, regateando e pechinchando alguns tostões a mais ou a menos.
>
> STERNE, *Tristram Shandy*, I, 9.[1]

É mais ou menos aceitável incluir o poeta na condição de produtor entre os "produtores", as "classes produtoras". Obviamente, devemos ignorar quanta mesquinharia e impudência se escondem sob a imagem do "trabalhador espiritual" (como percevejos de fogo sob uma pedra). Mas o fato de que os poetas sejam retratados como comerciantes é novo, tudo menos do que frase feita e um modo de falar,

---

[*]. "Der Kaufmann im Dichter", in GS III, p. 46–48. Tradução de Carla Milani Damião. Resenha originalmente publicada na revista *Die literarische Welt* em 15 de outubro de 1926. [N. O.]

1. A passagem, no texto original em inglês, não corresponde integralmente à citação da obra de Sterne feita por Benjamin: "— Every author has a way of his own in bringing his points to bear; — for my own part, as I hate chaffering and higgling for a few guineas in a dark entry; — I resolved within myself, from the very beginning, to deal squarely and openly with your Great Folks in this affair, and try whether I should not come off the better by it." Laurence Sterne. *The Life and Opinions of Tristram Shandy, Gentleman* (p. 8). Edição Kindle. [N. T.]

sob o qual nesse momento em Paris — esta escola única de boa conduta em crítica — tenta-se criar uma variação elegante e adequada da "característica" usual de poetas.

Não é sabido que o poeta tenha realmente mais do comerciante do que se gostaria de admitir — às vezes mais do que do produtor? Sem dúvida, há o suficiente daqueles que, como comerciantes grandes ou pequenos, vendem tecidos antiquíssimos, nobres ou novidades da moda para as pessoas e, além disso, utilizam todo o aparato do comerciante: o prefácio publicitário e a decoração da vitrine dos pequenos capítulos, o "eu" servil atrás do balcão e os cálculos de tensão, o descanso do domingo após cada sexta ideia e o que recebe os pagamentos. Os escritores, no entanto, têm mais a ganhar com essa visão do que com uma mística da produção que na maioria das vezes corresponde à do taverneiro.

Tudo isso não está escrito no livro do qual se trata. Porque este tem a vantagem de não ter texto. *Prochainement ouverture... de 62 boutiques littéraires*[2] por Pierre Mac Orlan; Henri Guilac, arquiteto; Simon Kra, empreendedor.[3] A capa do livro mostra isso pincelado sobre uma parede verde de madeira, dito em alemão: Henri Guilac desenhou este livro, Pierre Mac Orlan prefaciou e Simon Kra publicou. As imagens apresentam 62 poetas franceses em frente de suas lojas imaginárias. Todo alemão, nesse caso, esperaria uma sátira fulminante. Decepcioná-lo é o tipicamente parisiense neste livro. Porque nessas pági-

---

2. Em francês no original: *Em breve... 62 lojas literárias*. [N. T.]

3. Trata-se do livro editado por Simon Kra em 1925, ilustrado pelo desenhista Henri Guilac, colorido por Jacomet, com apresentação de Pierre Mac Orlan. São 62 caricaturas de escritores franceses como vendedores, tendo o nome de obras associadas a lojas com toldo, como as de um mercado, e fachadas. [N. O.]

O COMERCIANTE NO POETA

nas, todas coloridas à mão de maneira muito limpa e em cores vibrantes, há uma *candeur*,[4] uma ternura que deve torná-las um puro prazer para quase todos os 62 que são por ela afetados. Eles, à frente da porta na espera de seus clientes, olham através da vitrine ou se inclinam sobre o balcão. Quão óbvio, no entanto, que ninguém apareça! E isso já na França! Quão desertas não pareceriam essas lojas para nós alemães! Pintar clientes também não teria dado certo ou cada milhar da tiragem deveria ter sido representado por um homenzinho que compra? Seja como for, a rua está vazia. Gide criou para si uma *Delicatesse* com o seu trabalho juvenil, os *Nourritures terrestres*,[5] que vende vinhos das *Caves du Vatican*.[6] Paul Morand, como proxeneta, posta-se na entrada de um estabelecimento duvidoso, cuja lanterna vermelha indica *Ouvert la nuit*.[7] Lê-se "F. Carco" — especialista em romances de Apache — em uma marquise verde, em cuja escassa proteção *Rien qu'une femme*[8] mostra seus seios na janela. Casa após casa enfileiram-se nesta cidade literária paradisíaca: loja de malas (Colette), perfumaria, loja de câmbio, padaria, restaurante ao ar livre (Eugène Montfort) e agência de viagens (Charles Vildrac). Ao final, passamos pela *banlieue*,[9] onde se encontra toda uma feira de barracas, uma quermesse com uma tenda de loteria, um gabinete de curiosidades anatômicas, um estande de charlatão, uma barraca de arremessar bolas (com o delgado Jean Cocteau como dono), uma barraca com livros antigos *Les livres du*

---

4. Em francês no original: candura. [N. T.]

5. Em francês no original: *Frutos da terra*, 1897. [N. T.]

6. Em francês no original: *Os subterrâneos do Vaticano*, 1914. [N. T.]

7. Em francês no original: *Aberto à noite*, 1922. [N. T.]

8. Em francês no original: *Nada mais que uma mulher*, 1921. [N. T.]

9. Em francês no original: arredores, subúrbio. [N. T.]

Temps,[10] em frente à qual é posto Paul Souday, o crítico literário do *Temps*.

Ouvimos sobre um plano antigo e abandonado para realmente construir feiras de mercado literários e dessa maneira plantar o próprio poeta nelas. Com Mac Orlan lamentamos que algo assim não tenha acontecido na *Exposition des Arts et Métiers*. Com certeza, tem razão o prefácio, no qual avisa aos escritores que eles desconhecem até que ponto o que fazem parece ser irrelevante para o povo e que um dia eles teriam que pagar por isso.

Tal brincadeira engenhosa com as coisas da literatura poderia mudar isso, se, com todo o charme que possui, não permanecesse tão particular e tão isolada. Por isso, devemos, silenciosamente, alegrarmo-nos por ela, porque a andorinha, que sozinha não faz verão, é o bicho de estimação de nossa época.

---

10. Em francês no original: *Os livros do tempo*, 3 volumes, entre 1913–1930. [N. T.]

Cabeças parisienses[*]

Para alguém que tenha partido em viagem, serão claros os diferentes graus de estranheza e de familiaridade, proximidade e distância, resolução e relutância que ele experimenta em relação às cidades. Graças a Deus, muitos graus separam a existência de alguém que viaja por prazer — ou um turista — de uma pessoa que é moradora e trabalha. Certamente, a classificação das pessoas entre aquelas que em uma cidade gastam dinheiro e as que recebem é bastante justificada e, muito mais do que em outras cidades, também é verdadeira para um grande centro de turismo e diversão como é Paris. Entretanto, o escritor, em todo caso — e isso para ele é uma das suas maiores sortes —, está dispensado disso. Para ele, desde que ele encontre alguma concentração, qualquer lugar onde tenha vivido por algum tempo, torna-se uma cidade para trabalhar. E, depois de longa ausência, talvez fique admirado — pelo menos para mim foi inesperado — ao notar o quanto rapidamente são reconstruídos austeros hábitos de vida e de trabalho, mesmo no âmbito de uma estadia fugaz e pouco sobrecarregada de programas. Portanto, tenho menos a falar-lhes sobre a novidade da vida teatral e artística do que de constelações fortuitas da vida coti-

---

[*]. "Pariser Köpfe", in GS VII-1, p. 279–286. Tradução de Pedro Hussak. Palestra radiofônica apresentada na rádio de Frankfurt a. M, *Südwestdeutsche Rundfunk*, em 23 de janeiro de 1930. O texto tem por base as anotações do "Diário parisiense", escrito entre 1929 e 1930. [N. O.]

diana, sobretudo de encontros e pessoas, sobre quem há pouco de novo e muito de velho, que me fascinaram. Talvez não haja nenhuma coincidência feliz maior para um reencontro com a cidade do que ter vivido e aprendido lá por muito tempo, de estar ausente ainda por mais tempo e então, depois de muitos projetos de viagem fracassados, acordar nela quase atônito numa manhã. Aliás, para mim, foi um belo consolo, mesmo que um tanto esnobe, descobrir pela leitura de jornal que minha ausência meio involuntária na cidade coincidiu quase em ano e dia com a ausência forçada de um de seus residentes mais interessantes. Léon Daudet, filho do famoso autor de *Tartarin*,[1] redator-chefe da *royal*[2] *Action française* que há dois anos e meio, graças a um golpe genial dos *Camelots du Roi*,[3] foi retirado da prisão e depois fugiu para Bélgica — este Léon Daudet, de quem se supôs que o governo iria perdoá-lo após oito dias, obteve somente agora a permissão de voltar do exílio. Os intelectuais repetidas vezes exigiram energicamente o seu perdão, e compreende-se que os manifestos com os quais se expressaram a favor deste fanático radical de direita traziam, dentre outros, os nomes dos mais significativos autores de orientação esquerdista, pois Léon Daudet tem não apenas o mais significativo dos méritos em relação à literatura francesa — assim ele é e permanece como o autêntico descobridor de Marcel

---

1. Benjamin refere-se ao romance de Alphonse Daudet intitulado *Tartarin de Tarascon*, de 1872. [N. O.]

2. Em francês no original: real. [N. T.]

3. *Camelots du Roi*, oficialmente *Fédération nationale des Camelots du Roi*, foi, de 1908 a 1936, uma organização juvenil de extrema-direita do movimento militante integralista *Action française*, conhecida por participar de muitas manifestações de direita na França nas décadas de 1920 e 1930. [N. O.]

CABEÇAS PARISIENSES

Proust no sentido de que, dentre todos os seus mais antigos tímidos admiradores, foi o único que interveio a favor dele publicamente, assegurando-lhe assim o prêmio Goncourt — como também tem o mérito muito particular em relação à cidade de ter sido o único a ter a ideia de fazer de sua própria biografia um monumento de Paris. Ele intitulou sua autobiografia de *Paris vécu*,[4] baseada não em um esquema cronológico, mas topográfico. Narrou o que cada um dos *arrondissements*[5] deu-lhe desde seus primeiros dias em Paris até hoje. Para compreender este livro inteiramente, é necessário conhecer a vida singular dos *arrondissements* de Paris, que é tão rica e teimosa a ponto de que esses *arrondissements* são semelhantes a muitas cidades de província. Bem sabemos que é possível observar grandes diferenças folclóricas nos diferentes bairros de todas cidades do mundo. Mas onde mais do que em Paris a autoconsciência de um *arrondissement* qualquer, provinciano e inteiramente pequeno-burguês poderia ir tão longe a ponto de originar um jornal semanal, *Echos du quatorzième*, que se apresenta já há dez anos como a voz do pacato bairro que se estende entre o *Parc Montsouris* e a *Gare Montparnasse*. O bairro que, aliás, deu asilo a Lenin por anos na fantasmagórica rua nomeada *Rue de la Tombe-Issoire*. Mas basta sobre Lenin e Daudet. Tem-se em vista a publicação do segundo tomo de suas *Memórias*, *Rive Gauche* um *pendant*[6] da *Rive Droite*, que pode ser indicado a todos amantes desta cidade como um de seus documentos mais vivazes.

---

4. Em francês no original: *Paris vivida*. [N. T.]

5. Em francês no original: divisões administrativas da cidade de Paris. [N. T.]

6. Em francês no original: um anexo. [N. T.]

DIÁRIO PARISIENSE E OUTROS ESCRITOS

Não falaremos muito sobre livros, sobretudo não os co-
mentaremos, mas ao menos não queremos deixar escapar
uma promessa. Referimo-nos ao novo romance de André
Gide, *Robert*, que, diante dos olhos surpresos e dilacerados
dos parisienses, começou a ser publicado na *Revue Hebdomadaire*. Deve-se saber que, na França, Gide conecta ao
mesmo tempo a reputação de um grande autor com a de
um desmancha prazeres, e que *Si le grain ne meurt*, sua
autobiografia (recentemente publicada em alemão com o
título *Stirb und werde*[7]), ofende o pai de família da mesma
forma que suas grandes reportagens coloniais *Voyage au
Congo* e *Le retour du Tchad*[8] ofendem o cidadão médio
francês. A *Revue Hebdomadaire* é, entretanto, a leitura
semanal desses mesmos pais de família e desses cidadãos
médios. O senhor Le Grix[9] também acompanhou o novo
romance de Gide com uma nota de redação que inclui não
menos que dezoito páginas. O francês médio, devemos
sabê-lo, não nutre nenhum interesse pela discussão de
problemas sexuais — e menos ainda por problemas tais
como aqueles introduzidos por Gide de modo tão especial. "*Il en est encore*", como acidentalmente disse-me o
biógrafo de Proust Léon Pierre-Quint, "*toute aux histoires
de jupons dans le genre de la 'Vie Parisienne' et du 'Sourire'*".[10] Precisamente entre os pais de família e cidadãos
médios, entre os sólidos franceses, não são poucos os que

---

7. A tradução literal do título em alemão é: *Morra e venha a ser*. A
tradução brasileira ateve-se à literalidade: *Se o grão não morre*. [N. T.]

8. A. Gide, *Retorno de Chade* (1928) e *Viagem ao Congo* (1927). [N. T.]

9. François Le Grix, diretor da revista *Hebdomadaire*. [N. O.]

10. Em francês no original: "Ele está ainda completamente nas
histórias de anáguas no gênero da *Vie Parisienne* e do *Sourire*". Quint
refere-se a duas revistas francesas: a primeira, *Vie Parisienne* (1863–
1970), foi uma revista cultural que se voltou ao público masculino, com
ilustrações eróticas femininas, no início do século xx; e a segunda,

CABEÇAS PARISIENSES

consideram Gide um segundo Marquês de Sade. Pode-se mesmo retirar algum proveito racional deste julgamento, caso tenhamos presente por um instante a característica de Sade oferecida há pouco tempo por um jovem ensaísta francês. Ele escreve:

O que de outro a obra de Sade ensina a reconhecer senão o quanto um espírito verdadeiramente revolucionário é estranho à ideia do amor? Na medida em que seus escritos não são representações de recalques, como seria natural para um prisioneiro; na medida em que eles provêm da intenção de ofender — o que eu não acredito no caso de Sade, pois seria uma bastante tola aspiração para um prisioneiro da Bastilha —, e na medida em que tais motivos não estão em jogo, suas obras brotam de uma negação revolucionária que se desenrolou até consequências lógicas extremas. Qual seria pois a utilidade de um protesto contra os poderosos, dado que se tenha aceitado o domínio da natureza sobre a existência humana, com tudo de revoltante que isso implica? Como se o "amor normal" não fosse o mais repulsivo de todos os preconceitos! Como se a procriação fosse algo de diferente da mais desprezível forma de subscrever o desenho fundamental do universo! Como se as leis da natureza, às quais o amor se submete, não fossem mais tirânicas e odiosas do que as leis da sociedade! O significado metafísico do sadismo repousa na esperança de que a revolta da humanidade possa atingir uma intensidade tão violenta que forçaria a natureza a mudar suas leis, e que diante da decisão das mulheres de parar de tolerar a injustiça da gravidez e os perigos e dor de dar à luz, a natureza seria compelida a encontrar outras maneiras de garantir a sobrevivência da raça humana na Terra. A força que diz não à família ou ao estado deve também dizer não a Deus; e assim como as regulações de funcionários e padres, a antiga lei do Gênesis também deve ser quebrada: "do suor do

---

Sourire (1989–1940), uma revista semanal humorística e ilustrada. [N. T.]

teu rosto, comerás teu pão, na dor parirás teus filhos". Pois o que constitui o crime de Adão e Eva não é o fato de que eles provocaram esta lei, mas o fato de que eles a suportaram.

Essas frases impressionantes provêm de um escrito do jovem Emmanuel Berl.[11] Elas são retiradas do livro intitulado *Mort de la pensée bourgeoise*.[12] Se a produção ensaística francesa possui uma relevância na Europa, e seus escritos críticos sobressaem-se tanto particularmente em relação aos nossos, isso ocorre graças a figuras como Julien Brenda, como Alain Chartier, como Emmanuel Berl. Fui visitar Berl e, depois de uma conversa de horas, tive uma impressão bastante clara do modo de pensar e de ser desse homem. Assegurei-lhe que seus escritos são significativos também para a vanguarda da inteligência alemã e notei que ele pertence ao tipo de pessoa que quer conversar apenas sobre o seu tema favorito, para depois, sem tolerar tantas interrupções, falar o que tem a dizer de memória. Para ele, trata-se, sobretudo, de continuar sua obra polêmica, expulsando a pseudoreligiosidade da burguesia dos seus últimos esconderijos. Descobre-os, entretanto, nem no catolicismo com suas hierarquias e sacramentos nem no Estado, mas no individualismo, na crença naquilo que é incomparável, na imortalidade do indivíduo singular, no convencimento de que a própria interioridade é o cenário de uma ação trágica única, jamais repetida. Ele identifica a forma mais na moda desta convicção no culto do inconsciente. Eu saberia, mesmo que ele não tivesse também me assegurado, que ele tem Freud ao seu lado na luta fanática que ele declarou con-

---

11. Emmanuel Berl (1892–1976), ensaísta francês, jornalista, filósofo, ligado a Bergson, Proust e aos surrealistas. [N. O.]

12. Em francês no original: *Morte do pensamento burguês*. [N. T.]

CABEÇAS PARISIENSES

tra este culto. E olhando para *Le grand jeu*, a revista de alguns membros dissidentes do grupo, que eu recém-adquirira, disse: *"Tout ça ce sont des séminaristes"*.[13] E nesse momento, lanço algumas insinuações curiosas ao estilo de vida destas jovens pessoas: o *refus*,[14] como diz Berl, uma palavra que podemos traduzir como "sabotagem". Recusar uma entrevista, refutar uma colaboração, negar uma foto, tudo isso eles tomam como prova de seu talento. De modo muito espirituoso, Berl conecta isso com a enraizada tendência à ascese, tão típica dos parisienses. Por outro lado, ainda assombra aqui a ideia de um gênio incompreendido, que nós estamos a ponto de eliminar radicalmente. Ouço-o e não o contradigo. Entretanto, a atitude destes jovens não me resulta tão completamente incompreensível. Falo para mim mesmo que há muitos procedimentos para se ter sucesso como literato e que poucos dentre eles têm um mínimo que ver com a literatura. Um campeão nesta arte: Jean Cocteau. Não há mesmo em Paris muitos autores que saibam permanecer na lembrança do público mesmo sem escrever como Cocteau. Como, ainda recentemente, em um tipo de escrito panfletário no programa do recém-inaugurado *Théâtre Pigalle*, construído com enorme esforço pelo Baron Rothschild para uma atriz. Em Paris ele ficou popularmente conhecido como *Théâtre de la monnaie*.[15] O seu interior preserva seu caráter por meio da contraposição entre partes construtivas, principalmente metálicas ou de vidro e feixes de luz multicoloridos e variados, sob cujo brilho eles destacam-se. No entreato, o vestíbulo com seus pro-

---

13. Em francês no original: "Todos estes são seminaristas". [N. T.]
14. Em francês no original: a recusa. [N. T.]
15. Em francês no original: Teatro da moeda. [N. T.]

DIÁRIO PARISIENSE E OUTROS ESCRITOS

dutos e barracas de livros, flores e discos oferece uma imagem muito brilhante e peculiar para um público, ainda sempre vestido de uma maneira solene de acordo com as convenções parisienses. De fato, é incerto o quanto isso deve ser atribuído ao contraste com as imagens poeirentas das *Histoires de France* de Guitry[16] que, com teimosas inscrições alexandrinas, desenrolou-se no interior do teatro. "A grande utilidade das obras de Cocteau", assim foi escrito recentemente em um jornal parisiense, "consiste — excetuando obviamente seu valor literário — em sua habilidade de nomear bares que, de outra maneira, sem seu protetorado provavelmente estariam atolados na banalidade. O primeiro foi *Bœuf sur le toit*,[17] depois veio o *Grand écart*[18] e o mais novo é *Enfants terribles*, que teve uma deslumbrante inauguração." Na realidade, todos esses são ao mesmo tempo títulos das obras de Cocteau. Isso ainda é aceitável. Duvidoso é o gosto com o qual se quis acreditar retirar da obra de Rimbaud o nome de um pequeno bar mundano na praça do Odeon: *Le bateau ivre*, o barco bêbado. Efetivamente, lá dentro há pontes de comando, vigias, tubos de som, muitos objetos de latão, muita laca branca e a proprietária da empresa, a Princesa d'Erlanger que fez todos os esforços para estar à altura do nome que escolheu. A última moda é que as *Boîtes de nuit*[19] sejam mantidas pelas damas da aristocracia. Além disso, dado que o *gin fizz* custa 20 francos, a aristocracia pode de passagem ainda fazer negócios — e mesmo com a consciência bem tranquila, pois um grande número dos que são inspi-

---

16. *Histoires de France* é uma peça de Sacha Guitry em três atos e doze pinturas criadas no *Théâtre Pigalle*, em 1929. [N. O.]

17. Em francês no original: Carne no telhado. [N. T.]

18. Em francês no original: Grande lacuna. [N. T.]

19. Em francês no original: Clubes noturnos. [N. T.]

CABEÇAS PARISIENSES

rados por seus drinks "intelectuais" são escritores. Assim, o estabelecimento aumenta o patrimônio intelectual da nação. Aliás, não tenho razão pessoal de estar insatisfeito com o *Bateau ivre* e com a princesa que o dirige, pois ali me encontro, muito depois da meia-noite, com Léon-Paul Fargue, que raramente deixa-se ver, ardendo em brasa, como que emergindo da casa das caldeiras.[20] Não é nada fácil apresentar esse homem. Poder-se-ia dizer, por exemplo, que ele poussui um bela barba grossa, que ele, entretanto, raspa de um dia para o outro quando lhe dá na telha. Poder-se-ia dizer também que ele é proprietário de uma fábrica de Majólica[21] bem estabelecida. Quando ele subtamente surgiu diante de mim, tive tempo apenas de sussurrar a quem estava ao meu lado: "o maior lírico da França". Talvez eu tenha sido um pouco precipitado. Este posto deve ser reservado para Valéry. Excetuando o fato de que Fargue de fato seja um grande lírico, descobrimos nessa noite que era um dos contadores de história dos mais cativantes. Mal soube que me ocupei muito de Marcel Proust e colocou como um ponto de honra evocar para nós a imagem mais colorida e contraditória do seu velho amigo. Isso foi não apenas a fisiognomia do homem que admiravelmente renasceu na voz de Fargue; não apenas a risada alta e exaltada do jovem Proust, do leão dos salões que, sacudindo todo o corpo, pressionava a boca aberta com as mãos vestidas com luvas brancas, enquanto seu monóculo quadrado, amarrado a uma grande fita preta, balançava diante dele; não apenas o Proust doente vivendo em um quarto que mal pode ser distinguido

---

20. L. -P. Fargue (1876–1947) foi um poeta e ensaísta francês. [N. T.]

21. Faiança italiana do Renascimento, inspirada a princípio na tradição hispano-mourisca. [N. O.]

de um armazém de móveis de uma casa de leilões, em uma cama que não foi feita por dias, uma cama que mais parece uma caverna cheia de manuscritos, papéis escritos e em branco, material indispensável para poder escrever, livros amontoados uns sobre os outros, presos na fresta entre a cama e a parede, empilhados sobre a mesa de cabeceira. Ele não apenas evocou este Proust, como também delineou a história de uma amizade de vinte anos, as manifestações de afetuosa ternura, as explosões de insana desconfiança, aquele *Vous m'avez trahi à propos de tout et de rien*[22] —, sem esquecer da sua notável descrição do jantar (e naturalmente também da sua conduta no próprio jantar) que ele ofereceu para Marcel Proust e James Joyce que, justamente nessa ocasião, encontraram-se pela primeira e última vez. "Manter viva a conversa", disse Fargue, "significa para mim levantar uma carga de cinquenta quilos. Além disso, por precaução convidei duas belas moças para amenizar o impacto do encontro. Mas isso não impediu que Joyce, saindo de sua companhia, jurasse em alto e bom som nunca mais colocar os pés em uma sala onde ele possa correr o risco de encontrar com essa figura". E Fargue imitou o horror que havia feito tremer o irlandês, quando Proust reiterou com olhos lacerados a respeito de uma alteza imperial ou principesca "*C'était ma première altesse*".[23] Esse primeiro Proust do final dos anos 1890 estava no início de um caminho cujo percurso ele mesmo ainda não poderia prever. Naquela época, ele procurava a identidade no homem que lhe aparecia como o verdadeiro elemento divinizante. Assim iniciava a maior

---

22. Em francês no original: "Você me traiu sobre tudo e sobre nada". [N. T.]

23. Em francês no original: "Foi minha primeira alteza". [N. T.]

CABEÇAS PARISIENSES

destruição do conceito de personalidade conhecida pela nova literatura. Permanecemos juntos sob uma pequena turbina de lembranças e máximas até que, às três horas, colocaram-nos para fora. Ainda não transcorreram quarenta e oito horas de minha última noite em Paris, com a qual eu quero concluir aqui, e deixei emergir em mim a imagem de Proust em um espelho muito diferente. O espelho de Albertine, caso seja permitido nomear assim um homem que todos os seus amigos e todos os parisenses conhecem como Monsieur Albert. Esse espelho não teria sido tanto o que o Monsieur Albert tem a contar sobre Proust; não tudo o que ele contou-me de melhor era novidade e ainda menos destinado a ser posteriormente divulgado. No entanto, nesse homem mesmo há ainda algo que fornece, como num espelho, o reflexo do escritor. Em todo caso, a discrição que o Monsieur Albert possui tanto na fala como na apresentação, revela mais do antigo servidor do Príncipe Orloff, do futuro camareiro do príncipe von Radziwill, do que o atual proprietário do bar *Trois colonnes*,[24] próximo à Praça da Bastilha. Monsieur Albert quis mostrar-me as honras desse estabelecimento, mas eu preferi segurá-lo para um café no bar mais nobre onde havíamos jantado de maneira excelente e ouvir a agradável inflexão com a qual ele evocava a lembrança das primeiras caminhadas noturnas no *Boulevard Haussman* ao lado do poeta que acompanhava o efeito mutante da luz da lua respectivamente com os mais apropriados versos de Vigny, Hugo, Lamartine ou Mallarmé. Paris não me deu nesta semana nenhuma imagem mais atraente do que aquela que soube suscitar em mim essas palavras de Monsieur Albert.

---

24. Em francês no original: Três colunas. [N. T.]

Diário parisiense[*]

30 de dezembro de 1929

Mal se entra na cidade, e já se sente presenteado. Inútil o propósito de não escrever sobre isso. Reconstruo o dia anterior da mesma forma que as crianças dispõem novamente os presentes sobre a mesa na manhã de Natal. Isso também é um modo de agradecer. Aliás, estou atendo-me aos meus planos de algum dia fazer mais do que isso. Desta vez, entretanto, justamente estes planos proíbem-me — assim como proíbe-me a prudência que eu devo guardar para cada trabalho — de abandonar minha força de vontade e entregar-me à cidade. Pela primeira vez esquivo-me dela: retiro-me ao encontro para o qual a solidão, essa velha alcoviteira, convidou-me, organizando as coisas de modo que eu, em muitos dias, não visse a cidade diante dos parisienses. Obviamente não é fácil ignorar esta cidade! Tão fácil quanto ignorar a saúde e a felicidade. É inacreditável o quão pouco insistente ela é. Não há provavelmente outra cidade onde se é menos notado do que Berlim. Nisso comparece o espírito organizador e técnico que, para o bem ou para o mal, domina-a. Em Paris sucede o contrário. Precisa-se ter habitado em Paris por muito tempo para saber o quanto a própria rua

---

[*]. "Pariser Tagebuch", in GS IV-1, p. 567–587. Tradução de Pedro Hussak. Texto publicado na revista *Die literarische Welt*, abril-junho de 1930. [N. O.]

DIÁRIO PARISIENSE E OUTROS ESCRITOS

é um *intérieur* habitual, desgastado; o quanto não vemos quotidianamente mesmo nas partes mais familiares, como é mais decisivo, mais do que em qualquer outro lugar, mudar de calçada, atravessando da direita para a esquerda. De onde vem essa discrição que se ajusta às necessidades e capacidades da pessoa mais modesta? Talvez de uma interpenetração, muito estranha para nós, entre uma mentalidade conservadora e metropolitana. Não apenas Aragon, que escreveu aquele livro, é um *Paysan de Paris*, mas sobretudo o *concierge*, o *marchad de quatre saisons*, mesmo o *flic*:[1] todas aquelas pessoas que cultivam seu quarteirão, contínua e pacificamente como os camponeses. Certamente a história da construção da cidade não foi menos movimentada, nem menos cheia de atos violentos do que outra. Mas assim como a natureza cura as rachaduras de velhos castelos com arbustos verdes, a numerosa burguesia que reside no local pacificou as fraturas da grande cidade. Se muitas praças afastadas abraçam tão intimamente o espaço — como se uma convenção de casas as tivessem fundado — então o sentido da pacificidade e da duração que as criou está sendo transferido para os seus habitantes por séculos. E tudo isso ressoa na saudação com a qual o velho caixa da minha casa de câmbio recebeu-me hoje depois de um longo intervalo: *Vous avez été un moment absent*[2] — um puxão com o qual ele laçou

---

1. Louis Aragon (1897–1992) lançou *Le paysan de Paris* (*O camponês de Paris*) em 1926. O livro é considerado como um dos mais importantes documentos do movimento surrealista. A descrição da *Passage de l'Opéra* influenciou o *Trabalho das passagens* (*Passagenarbeit*) de Walter Benjamin. Um *concierge* é um porteiro, *marchand de quatre saisons*, um vendedor de frutas e vegetais, e *flic*, o policial. [N. O.]

2. Em francês no original: "Você esteve sumido por um tempo". [N. T.]

DIÁRIO PARISIENSE

a minha ausência, como um saco no qual ele poderia me entregar a poupança de três anos.

6 de janeiro de 1930

Nos primeiros dias de janeiro eu vi Aragon, Desnos, Green, Fargue.[3] Fargue apareceu no *Bateau ivre*.[4] Lá dentro há pontes de comando, vigias, tubos de som, muito latão, muita coisa em esmalte branco. A moda mais nova é que damas da aristocracia possuam *boîtes de nuit*.[5] Esse pertence à princesa d'Erlanger. Além disso, dado que o *gin fizz* custa 20 francos, a aristocracia pode de passagem ainda fazer negócios — e mesmo com a consciência bem tranquila, pois um grande número dos que são inspirados por seus drinks "intelectuais" são escritores. Assim, o estabelecimento aumenta o patrimônio intelectual da nação. Ali me encontro com Léon-Paul Fargue muito depois da meia-noite, ardendo em brasa, como que emergindo da casa das caldeiras. Quando ele surgiu subitamente tive apenas tempo de segredar a Dausse que estava sentado perto de mim: "O maior lírico vivo da França". Excetuando o fato de que Fargue de fato seja um grande lírico, descobrimos nessa noite que era um dos contadores de história dos mais cativantes. Mal soube que me ocupei muito

---

3. Robert Desnos (1900–1945), poeta francês, foi um dos últimos a aderir ao surrealismo. Morreu em um campo de concentração em *Theresienstadt*, deportado por causa de suas atividades na *Résistence*. Julien Green (1900–1998) foi um escritor francês de origem americana. Léon-Paul Fargue (1876–1947) foi um poeta, ensaísta e crítico. Contribuiu com a *Nouvelle Revue Française* e editou (com Paul Valéry e Valery Larbaud) a revista *Commerce*, na qual promoveu um grande número de autores surrealistas. [N. O.]

4. Em francês no original: Barco bêbado. [N. T.]

5. Em francês no original: casas noturnas. [N. T.]

de Marcel Proust e colocou como um ponto de honra evocar para nós a imagem mais colorida e contraditória do seu velho amigo. Isso foi não apenas a fisiognomia do homem que admiravelmente renasceu na voz de Fargue; não apenas a risada alta e exaltada do jovem Proust, do leão dos salões que, sacudindo todo o corpo, pressionava a boca aberta com as mãos vestidas com luvas brancas, enquanto seu monóculo quadrado, amarrado a uma grande fita preta, balançava diante dele; não apenas o Proust doente, vivendo em um quarto que mal pode ser distinguido de um armazém de móveis de uma casa de leilões, em um cama que não foi feita por dias, uma cama que mais parece uma caverna cheia de manuscritos, papéis escritos e em branco, material indispensável para poder escrever, livros amontoados uns sobre os outros, presos na fresta entre a cama e a parede, empilhados sobre a mesa de cabeceira. Ele não evocou apenas esse Proust, como também delineou a história de uma amizade de vinte anos, as manifestações de afetuosa ternura, as explosões de insana desconfiança, aquele *Vous m'avez trahi à propos de tout et de rien*,[6] sem esquecer da sua notável descrição do jantar (e naturalmente também da sua conduta no próprio jantar) que ele ofereceu para Marcel Proust e James Joyce que justamente nesta ocasião encontraram-se pela primeira e última vez. "Manter viva a conversa", disse Fargue, "significa para mim levantar uma carga de cinquenta quilos. Além disso, por precaução convidei duas belas moças para amenizar o impacto do encontro. Mas isso não impediu que Joyce, saindo de sua companhia, jurasse em alto e bom som nunca mais colocar os pés em uma sala onde

---

6. Em francês no original: "Você me traiu sobre tudo e sobre nada". [N. T.]

ele possa correr o risco de encontrar com essa figura". E Fargue imitou o horror que havia feito tremer o irlandês, quando Proust reiterou com olhos lacerados a respeito de uma alteza imperial ou principesca: *C'était ma première altesse*.[7] Esse primeiro Proust do final dos anos 1890 estava no início de um caminho cujo percurso ele mesmo ainda não poderia prever. Naquela época, ele procurava a identidade no homem. Essa lhe aparecia como o verdadeiro elemento divinizante. Assim começou o maior destruidor da ideia de personalidade que a literatura recente conhece. "Fargue", escreve Léon Pierre-Quint[8] em novembro de 1929:

é uma daquelas pessoas que escrevem como falam; e fala produzindo constantemente obras que permanecem não escritas — talvez por indolência, talvez por desprezo pela escrita. Ele não poderia expressar-se de outra forma senão no lampejo intelectual, no jogo de palavras, que se revezam tão casual quanto interminavelmente. Ama Paris como uma criança: seus pequenos Cafés esquecidos, seus bares, as ruas e a vida noturna que nunca termina. Ele deve ter uma saúde esplêndida e uma natureza altamente resistente. Durante o dia, trabalha como industrial e à noite passeia. Está sempre acompanhado de mulheres elegantes, americanas. Esse homem próximo aos cinquenta anos de idade, como se não pudesse ser de outra maneira, leva à noite uma vida de gigolô, dominando a todos que ele encontra pelo encanto do seu discurso.

Conheci-o exatamente assim, e assim permanecemos juntos sob um pequeno fogo de artifício de lembranças

---

7. Em francês no original: "Foi minha primeira alteza". [N. T.]

8. Léon Pierre-Quint (1895–1958) foi um crítico francês e amigo de Benjamin. Foi autor do primeiro grande estudo sobre a obra de Proust (1925). [N. O.]

e máximas até que nos colocassem para fora às 3h da manhã.

9 de janeiro

Jouhandeau.[9] O espaço onde me recebeu é a mais perfeita interpenetração entre um ateliê e uma cela de monge. Uma inquebrantável série de janelas corre ao longo de duas paredes. Além disso, há uma claraboia no teto. Cortinas verdes pesadas por toda parte. Duas mesas, cada uma das quais se podia considerar com igual justiça como mesas de trabalho. Diante delas, cadeiras como que perdidas no espaço. Cinco horas da tarde e a luz vem de uma pequena coroa e de um alto candeeiro. Conversa sobre a magia das condições de trabalho. Jouhandeau discursa sobre as forças inspiradoras da luz que chega da direita. E depois muitos elementos autobiográficos. Aos treze, quatorze anos sofreu a influência decisiva de duas amáveis irmãs que viviam na escola de freiras carmelitas da cidade natal dele. O catolicismo, que anteriormente não era nada além de objeto de educação e instrução, agarrou-o a partir daquele momento. A vista de um crucifixo de porcelana sobre a cama na minha primeira olhada no espaço revela que o catolicismo tem um significado maior para ele. Confesso-lhe, entretanto, que após a leitura do

---

9. Marcel Jouhandeau (1888–1979) foi autor de numerosos trabalhos autobiográficos baseados em ficção. A tradução de Benjamin *Mademoiselle Zéline ou bonheur de Dieu à l'usage d'une vieille demoiselle* (1924), de Jouhandeau, foi publicado na antologia de escritores franceses contemporâneos *Neue französische Erzähler* em 1930; a tradução do conto de Jouhandeau *Le marié du village* foi publicada em 1931 na *Europäische Revue*. Em 1917, Jouhandeau trabalhou no conhecido bordel masculino de Albert Le Cuziat que foi frequentado por Proust. [N. O.]

seu primeiro livro, continuo completamente sem saber se ele descreve o catolicismo como crente ou apenas como um viajante pesquisador, um *explorateur*. Essa expressão agradou-lhe muito. Como ele sentou-se diante de mim, com uma presença muito distinta, mas um tanto frágil, falando de modo penetrante e vivaz com uma voz suave, tive pena de aproximar-me dele apenas agora, no momento em que tantas das forças que ameaçam seu mundo tenham sido despertadas em mim. Continuou a falar da sua vida, particularmente sobre a noite — era a que seguia ao funeral de Dérouledès[10] — em que ele queimou seu trabalho inteiro: uma infindável quantidade de notas e especulações que, ao fim, apareciam-lhe como um obstáculo no caminho para uma verdadeira vida. Apenas a partir de então sua produção começou a perder o caráter lírico-especulativo. Apenas a partir de então formou-se o mundo dos personagens que propriamente, como Jouhandeau contou-me, provém completamente de uma rua de sua cidade natal onde ele habitava. Para ele, é importante caracterizar o mundo desses personagens: um cosmos cuja lei manifesta-se apenas a partir de um ponto central. Esse ponto central é Godeau, um Santo Antônio revivido, cujos diabos, prostitutas e bestas provêm da teologia especulativa. — Além disso: "o que mais me cativou no catolicismo foram as heresias". Cada indivíduo é, para ele, um herético. Apaixonante para ele eram imensas desfigurações individuais do catolicismo. Frequentemente seus personagens, dos quais muitos dos que ele conhece ainda não entraram em seus livros, permanecem diante dele já

---

10. Paul Déroulède (1846–1914) foi um poeta e dramaturgo que presidiu a Liga dos Patriotas e apoiou ativamente a campanha populista e antirrepublicana de Georges Boulanger. [N. O.]

há muito tempo antes de tornarem-se palpáveis para que ele pudesse expô-los. Frequentemente leva muito tempo até que um pequeno gesto ou mudança neles revele-lhe a sua particular e mais peculiar heresia. Digo-lhe da estupenda e abstrusa jocosidade de seus personagens cuja dispersão maneja não com objetos do uso diário — facas ou garfos, fósforos ou lápis —, mas com dogmas, fórmulas mágicas e iluminações. Minha expressão *jouets menaçants*[11] muito lhe agrada. Ermeline e Noëmie Bodeau são mencionadas. E Mademoiselle Zéline, cuja história eu gostaria de contar alegoricamente através da imagem do vício que não a seduz, mas ao contrário, agarra-a pela nuca e empurra-a atordoada para o caminho da virtude. Evidentemente, disse-lhe meus pensamentos sobre a imponente e inspiradora descrição da loucura em *Marié du village*. Um crítico comparou o autor a Blake. Creio que é correto reconhecer, quando se pensa na crueldade com a qual Jouhandeau expõe seus personagens à experiência religiosa, um abandono expresso nos contornos abruptos de suas sentenças. *Vos personnages sont tout le temps à l'abri de rien.*[12] O fim da nossa conversa foi marcado pela passagem que ele mostrou-me na bela edição de luxo de seu *Monsieur Godeau intime*. Ele mesmo descreveu-a como o ponto crucial do livro, e é o momento em que se fala da estadia de Deus no inferno e da Sua luta com ele.

---

11. Em francês no original: brinquedos ameaçadores. [N. T.]

12. Em francês no original: "Seus personagens não estão a salvo em nenhum momento". [N. T.]

DIÁRIO PARISIENSE

11 de janeiro

Café da manhã com Quint. Ele está planejando um livro sobre Gide. Ele destaca o quanto os últimos livros de Gide desconcertaram o público e o quão modesto foi seu sucesso nas livrarias, com a exceção de *L'école des femmes*.[13] O público francês não nutre nenhum interesse no debate sobre questões sexuais e continua a ser ainda próximo aos *retroussés*[14] do *Le Sourire* e *La Vie Parisienne* do que ao fenômeno Oscar Wilde. De minha parte cabe dizer que a mais notável fraqueza na discussão de Gide sobre a homossexualidade é a sua tentativa de estabelecê-la absolutamente como puro fenômeno natural, em vez de, como Proust, tomar a sociologia como ponto crucial para o estudo dessa inclinação. Mas também isso é conectado com cada constituição do homem que parece, a meu juízo, ter cada vez mais sua fórmula no contraste da sua puberdade atrasada, sua natureza atormentada e dilacerada, por um lado, e a linha pura, severa e figurativa dos seus escritos, por outro.

16 de janeiro

Théâtre des Champs-Élysées. Amphitryon 38 de Giraudoux, a única peça teatral que atualmente vale a pena ir em Paris desde que o talentoso Pitoëff ocupou seu palco com uma apresentação de *Les criminels*.[15] O 38 significa o

---

13. *L'école des femmes* é o romance de Gide sobre a desilusão da mulher no casamento, publicado em 1929. [N. O.]

14. Em francês no original: saias levantadas. [N. T.]

15. O drama de Jean Giraudoux em três atos teve sua *première* na *Comédie des Champs-Élysées* em novembro de 1929 e foi publicado no mesmo ano. [N. O.]

DIÁRIO PARISIENSE E OUTROS ESCRITOS

trigésimo oitavo tratamento deste material. Basta transformar apenas um pouco essa palavra para abarcar o essencial da questão. Na realidade, Giraudoux contemplou a lenda como um material incrivelmente precioso que não perdeu seu valor mesmo passando por tantas mãos. Seu valor foi reforçado por um toque de esplendor antigo, estabelecendo então ao escritor a tarefa, atualmente na moda, de encontrar um novo estilo elegante, exibindo-a de maneira inesperada. Quando comparada com *Orfeu* de Cocteau,[16] também uma reelaboração de um material antigo, nota-se a maneira como Cocteau constrói o mito de acordo com os mais novos princípios arquitetônicos. Giraudoux, entretanto, compreendeu como renová-lo de acordo com a moda. Ficamos com vontade de estabelecer a equação Cocteau e Corbusier = Giraudoux e Lanvin.[17]

De fato, a grande casa da moda de Lanvin proveu os figurinos e Valentine Tessier,[18] a atriz que interpreta Alcmene, representa um papel no qual rufos, faixas, babados e fichus de seus vestidos são parceiros com ao menos tanto talento e vivacidade quanto Mercúrio, Sósia, Zeus e Anfitrión. Aceitemos que a moral, que se insinua tão virtuosa e sedutora ao espectador, conduz a questão da fidelidade conjugal contra todo refinamento olímpico do erotismo, e então teremos abarcado a tendência conservadora e da

---

16. A "tragédia" em um ato de Jean Cocteau, exibida no teatro Georges Pitoëff em junho de 1926 e publicada em 1927. [N. O.]

17. O suíço Le Corbusier (pseudônimo de Charles-Edouard Jeanneret-Gris, 1887–1965) ganhou fama como nome fundamental da arquitetura modernista europeia. Jeanne Lanvin (1867–1946), com a sua casa de *haute couture* no Faubourg Saint-Honoré, foi uma estilista da elite da moda em Paris. [N. O.]

18. Valentine Tessier (1892–1981) foi a atriz escolhida para as primeiras apresentações das peças de Giraudoux. Ela participou de vários filmes, como *Madame Bovary*, de Jean Renoir. [N. O.]

moda, em uma palavra, a tendência eminentemente francesa do todo. Quão pensativo volta-se para casa em uma dessas suaves noites de inverno, e sente-se um tanto mais próximo das forças que fizeram com que esta cidade por séculos tenha dedicado à moda a mais vasta organização intelectual e econômica. Então leva-se também de Giraudoux a certeza de que a moda veste não apenas as mulheres como também as musas.

18 de janeiro

Berl.[19] Este método primitivo ainda é o melhor: antes de visitar um desconhecido, ler por uma meia hora seus escritos. Não foi em vão. Em *La mort de la pensée bourgeoise*,[20] deparei-me com a seguinte passagem que iluminava não apenas Berl antecipadamente, como também retrospectivamente minha conversa com Quint sobre Lautréamont. Esta passagem sobre sadismo:

O que de outro a obra de Sade ensina a reconhecer senão o quanto um espírito verdadeiramente revolucionário é estranho à ideia do amor? Na medida em que seus escritos não são representações de recalques, como seria natural para um prisioneiro; na medida em que eles provêm da intenção de ofender — o que eu não acredito no caso de Sade, pois seria uma bastante tola aspiração para um prisioneiro da Bastilha —, e na medida em que tais motivos não estão em jogo, suas obras brotam de uma negação revolucionária que se desenrolou até consequências lógicas extremas. Qual seria pois a utilidade de um protesto contra os poderosos, dado que se tenha aceitado o domínio da

---

19. Emmanuel Berl (1892–1976) foi um ensaísta francês. Em ambos os textos aqui citados (1930), denuncia a petrificação sociocultural que vê como resultado da cultura burguesa moderna. [N. O.]

20. Em francês no original: *Morte do pensamento burguês*. [N. T]

DIÁRIO PARISIENSE E OUTROS ESCRITOS

natureza sobre a existência humana, com tudo de revoltante que isso implica? Como se o "amor normal" não fosse o mais repulsivo de todos os preconceitos! Como se a procriação fosse algo de diferente da mais desprezível forma de subscrever o desenho fundamental do universo! Como se as leis da natureza, às quais o amor se submete, não fossem mais tirânicas e odiosas do que as leis da sociedade! O significado metafísico do sadismo repousa na esperança de que a revolta da humanidade possa atingir uma intensidade tão violenta que forçaria a natureza a mudar suas leis, e que diante da decisão das mulheres de parar de tolerar a injustiça da gravidez e os perigos e dor de dar à luz, a natureza seria compelida a encontrar outras maneiras de garantir a sobrevivência da raça humana na Terra. A força que diz não à família ou ao estado deve também dizer não a Deus; e assim como as regulações de funcionários e padres, a antiga lei do Gênesis também deve ser quebrada: "do suor do teu rosto, comerás teu pão, na dor parirás teus filhos". Pois o que constitui o crime de Adão e Eva não é o fato de que eles provocaram esta lei, mas o fato de que eles a suportaram.

E agora no quarto em que o autor habita: assentos baixos exceto uma cadeira de escritório. No lado estreito da direita um aquário que pode ser iluminado. Acima do aquário, uma pintura de Picabia. Todas as paredes são revestidas de verde e emolduradas com listras douradas. As estantes revestidas com couro verde: Courier, Sainte-Beuve, Balzac, Staël, *As mil e um noites*, Goethe, Heine, Agrippa d'Aubigné e Meilhac e Halévy.[21] Não é

---

21. Paul-Louis Courier (1772–1825) foi um panfletário francês irônico e inventivo, um oponente ardoroso da restauração dos Bourbons em 1814. Charles-Augustin Sainte-Beuve (1804–1869) foi um influente crítico, romancista e poeta, conhecido por haver delineado um método histórico que enfatiza a psicologia autoral e o papel do meio social do autor. Madame de Staël (nascida Germanie Necker, 1766–1817) alcançou a fama após a publicação de *Da Alemanha*, uma pes-

DIÁRIO PARISIENSE

difícil notar que ele pertence ao tipo de pessoa que quer conversar apenas sobre o seu tema favorito, para depois, sem tolerar tantas interrupções, falar o que tem a dizer de memória. Para ele, trata-se, sobretudo, de continuar sua obra polêmica, expulsando a pseudoreligiosidade da burguesia dos seus últimos esconderijos. Descobre-os, entretanto, nem no catolicismo com suas hierarquias e sacramentos nem no Estado, mas no individualismo, na crença naquilo que é incomparável, na imortalidade do indivíduo singular, o convencimento de que a própria interioridade é o cenário de uma ação trágica única, jamais repetida. Ele identifica a forma mais na moda desta convicção no culto do inconsciente. Eu saberia, mesmo que ele não tivesse também me assegurado, que ele tem Freud ao seu lado na luta fanática que ele declarou contra este culto. E olhando para *Le grand jeu*,[22] a revista de alguns membros dissidentes do grupo, que eu recém-adquirira: "eles são seminaristas, nada além disso". Agora apenas algumas insinuações curiosas ao estilo de vida destas jovens pessoas: o seu *refus*, como diz Berl, uma palavra que podemos traduzir como "sabotagem". Recusar uma entrevista, refutar uma colaboração, negar uma foto, tudo isso eles tomam como prova de seu talento. De modo muito espirituoso, Berl conecta isso com a enraizada tendência à ascese, tão típica dos parisienses. Por outro lado, ainda as-

---

quisa abrangente da atividade cultural na Alemanha. O livro abriu uma ponte crucial entre o Romantismo alemão e a cultura francesa pós-revolucionária. Théodore Agrippa d'Aubigné (1552–1630) foi um historiador francês e campeão da reforma protestante. Henri Meilhac (1831–1897), um dramaturgo francês e colaborador de Ludovic Halévy (1834–1908) em uma série de libretos de opereta, muitos dos quais feitos para a música de Jacques Offenbach. [N. O.]

22. Em francês no original: *O grande jogo*. [N. T.]

DIÁRIO PARISIENSE E OUTROS ESCRITOS

sombra aqui a ideia de um gênio incompreendido, que nós estamos a ponto de eliminar radicalmente. O *raté*[23] ainda está envolto de uma auréola e o esnobismo está a ponto de dourá-la novamente. Por exemplo, os financistas, que fundaram uma associação para a aquisição de quadros e que se comprometeram a não colocar essas aquisições novamente no mercado por dez anos. A regra principal: não se deve pagar nada além de 500 francos por nenhum quadro. Qualquer um que tenha custado mais do que isso, já obteve sucesso; quem já tenha tido sucesso não serve. Escuto-o e não o contradigo. Mas não considero nem a atitude daqueles jovens nem destes velhos esnobes totalmente incompreensível. Afinal de contas, quantos procedimentos existem para que se tenha sucesso como artista e quão poucos deles têm a mais remota relação com a arte!

21 de janeiro

Monsieur Albert.[24] D[ausse] encontrou-me de manhã no Hotel e pede-me para reservar a noite. Busca-me às sete para apresentar-me ao Monsieur Albert. Vai, como disse, visitar o Monsieur Albert no seu *établissement*.[25] Descreve-o como um lugar extraordinário. Agora, este *établissement* — um banho público no Quartier Saint-Lazare — é notável. Mas longe de ser pitoresco. Os vícios graves, genuínos — em outras palavras, os socialmente perigosos — dão mostras de modéstia, evitando naturalmente toda aparência de que se trata de um negócio, podem ter mesmo algo de comovente. Proust, o amigo do

---

23. Em francês no original: o fracasso. [N. T.]

24. Albert Le Cuziat serviu a Proust como uma importante fonte no submundo homossexual de Paris. Le Cuziat abriu seu bordel masculino no Hotel Marigny, 11, rue de l'Arcade, em 1916. [N. O.]

25. Em francês no original: estabelecimento. [N. T.]

DIÁRIO PARISIENSE

Monsieur Albert, provavelmente estava a par de tudo isso. Por isso, a atmosfera deste banho público é difícil de descrever. Por exemplo, vizinho de porta com a família, mas com a família pelas costas, como todos os vícios genuínos. O verdadeiramente estranho, e isto pela noite inteira, é a familiar intimidade destes jovens, em nada contraposto à sua admirável *franchise*.[26] Em todo caso, aqueles que eu vi ali têm, no modo mais extravagante e precioso de apresentar-se, ainda uma ingenuidade, uma rebeldia juvenil, uma vivacidade e teimosia que me lembrou secretamente do meu de internato. — Primeiramente, o pátio que era preciso atravessar: uma paisagem pavimentada com pedras e cheia de paz. Poucas janelas, que se podem ver do lado de fora, estão iluminadas. Mas há luz atrás do vidro fosco do escritório de Albert e em uma mansarda à esquerda que se ergue aos céus em forma de ameias. Chegamos em três: Hessel e eu tivemos que admitir ser apresentados por Dausse como tradutores de Proust. Confirmou-se de modo surpreendente o que Hessel dissera-me sobre ele alguns dias antes: ele assemelha-se a uma divindade marinha, misturando-se com tudo, fugindo de tudo. Aliás, isso fica mais nítido nos figurinos de bonecas de porcelana. Porcelana é o material mais alcoviteiro para casais enamorados. Dausse apresentou-me como um alcoviteiro deus fluvial de porcelana. O papel de protagonista em um conjunto de figurantes ficou reservado a M[aurice] S[achs].[27] Graças à sua vivacidade e à precisão bem ensaiada de suas

---

26. Em francês no original: franqueza. [N. T.]

27. Maurice Sachs (pseudônimo de Maurice Ettinghausen, 1906–1945) foi um romancista francês e ensaísta satírico. Ganhou notoriedade devido a sua vida caótica e escandalosa. Converteu-se do judaísmo para o catolicismo, foi deportado e assassinado em uma prisão em Hamburgo no fim da Segunda Guerra Mundial. [N. O.]

DIÁRIO PARISIENSE E OUTROS ESCRITOS

anedotas, ele contribuiu sobretudo para tornar suspeitos para mim certos episódios e informações que se seguiram. E mal ele havia entrado no carro comigo e com Hessel, começou a desdobrar como que um inventário ou catálogo de amostras das principais histórias de Albert, de modo que acreditei descobrir com algum desconforto também aqui os sinais de uma *tournée des grands-ducs*[28] avançada. Atrás do vidro opaco, o espaço de recepção foi vedado por cortinas contra todo aposento contíguo onde possa haver cenas indecentes. E o Monsieur Albert atrás do balcão ou da bilheteria — em resumo um *arrangement*[29] de esponjas de banho, perfumes, *pochettes surprise*,[30] bilhetes para banho e bonecas em pose vulgar. Muito polido, muito discreto na maneira de cumprimentar, e agradavelmente ocupado ao mesmo tempo com o resto do trabalho do dia. Proust, se eu bem me lembro, conheceu-o em 1912. Naquele tempo, ele não tinha mais que vinte anos. E vendo sua aparência atual, pode-se ter uma ideia de como ele devia ser bonito naquele tempo em que foi valete do Príncipe de Radziwill, e antes disso do Príncipe Orloff. A completa interpenetração do mais alto servilismo com extrema decisão que caracteriza o lacaio — como se a casta dos senhores não tivesse prazer em ordenar seres que eles não sujeitam pelo comando — entrou em seus traços graças a uma certa fermentação, de modo que, por vezes, ele parece um professor de ginástica. O programa da noite foi ambicioso. Em todo caso, pensamos, depois do jantar, em reforçar a nova amizade com uma visita ao segundo *éta-*

---

28. Em francês no original: expressão que poderia ser traduzida como "noitada". [N. T.]

29. Em francês no original: arranjos. [N. T.]

30. Em francês no original: caixinhas de surpresa. [N. T.]

blissement do Monsieur Albert, o *Bal des trois colonnes.*[31]
Por algum momento, talvez apenas por delicadeza, tivemos a impressão de estarmos incertos sobre onde jantar. Então, rapidamente estávamos de acordo sobre o local na *rue Vaugirard,* onde Hessel e eu uma vez passeamos há três anos, sem arriscar-nos a espiar lá dentro. Hoje, havia ali alguns jovens admiravelmente belos. Dentre eles um presumidamente autêntico príncipe indiano que suscitou um interesse tão vivo em Maurice Sachs que ele esqueceu de realizar seu propósito de levar o Monsieur Albert a fazer confidências particularmente profundas. Mas também não estou certo se elas interessar-me-iam mais do que alguns comentários muito secundários, quase involuntários que acessoriamente entraram na nossa conversa. Pois não me interessa muito saber o que aconteceria se alguém fizesse uso da paixão de Proust — algumas delas certamente assemelham-se a uma famosa cena com a Mademoiselle Vinteuil — para a interpretação da sua obra. Mas, ao contrário, para mim, a obra de um Proust parece conter o indício de características gerais do sadismo, mesmo que muito secretas. E neste caso, eu adoto como ponto de partida a ousadia de Proust na análise dos acontecimentos mais triviais, além da sua curiosidade que lhe é muito próxima. Sabemos pela experiência que a curiosidade, sob a forma de uma questão repetitiva, provando constantemente o mesmo conteúdo, pode tornar-se um instrumento nas mãos do sádico, o mesmo instrumento tão inocente nas mãos da criança. A relação de Proust com a existência possui algo dessa curiosidade sádica. Há passagens nas quais ele com suas questões leva, de certo modo, a vida ao extremo, outras nas quais ele arma-se di-

---

31. Em francês no original: o Baile das três colunas. [N. T.]

ante de um fato do coração como um professor sádico diante de uma criança intimidada para obrigá-la, com gestos ambíguos, um puxão e beliscões, algo entre acariciar e atormentar, a revelar um segredo suspeito que talvez não seja real. Em todo caso, as duas grandes paixões deste homem, a curiosidade e o sadismo, convergem em não poder encontrar qualquer aquietamento em nenhum resultado, em farejar em cada segredo encaixotado um segredo menor, e nele um segredo ainda menor e assim por diante até o infinito, com o efeito de que quanto mais seu tamanho diminui, mais cresce em importância o que foi descoberto. — Tudo isso passava pela minha cabeça enquanto Monsieur Albert esboçava-me o desenvolvimento do seu conhecimento. Sabe-se que Proust, pouco tempo depois que eles se conheceram, equipou para ele uma *Maison de rendez-vous*.[32] Essa casa foi para o escritor ao mesmo tempo um *pied-à-terre*[33] e um laboratório. Aqui se instruiu, provavelmente também pelo que via com os próprios olhos a respeito de todas as especialidades de homossexualidade. Ali foram feitas as observações que ele mais tarde utilizou na descrição de Charlus atado. Ali Proust depositou os móveis da sua defunta tia, apenas para lamentar em *À l'ombre des jeunes filles en fleur*[34] o seu indecoroso fim como *ameublement*[35] de um bordel. — Estava tarde, eu tinha toda dificuldade de filtrar a voz fracamente articulada do Monsieur Albert do ruído de um gramofone que era suplementado o tempo todo com novos discos por uma

---

32. Em francês no original: casa para encontros. [N. T.]

33. Em francês no original: literalmente, "pé no chão". Trata-se de um pequeno apartamento ou casa usado como segunda residência temporária ou local de trabalho. [N. T.]

34. Em francês no original: *À sombra das moças em flor*, 1918. [N. T.]

35. Em francês no original: mobiliário. [N. T.]

DIÁRIO PARISIENSE

beldade elegíaca que não podia dançar, pois tinha um buraco na calça, e que estava ofendida pela eficaz rivalidade com o príncipe indiano. Estávamos muito cansados para dar ao Monsieur Albert a oportunidade de retribuir a hospitalidade *chez lui*[36] — ou seja, no *Trois colonnes*. Dausse conduziu-nos para casa em seu carro.

26 de Janeiro

Félix Bertaux.[37] Apesar de sua aparência sulista, ele é da Lorena. Mas provavelmente possui sangue francês. Esta graciosa história vem da época em que foi um jovem professor em Poitiers: a *Action française* organizou ali — isso foi antes da guerra[38] — um encontro noturno. Bertaux apareceu com alguns amigos dissidentes. Depois do discurso de propaganda do relator, o presidente convidou aqueles que pensavam diferente para expressar publicamente sua opinião. Grande foi a surpresa de Bertaux quando percebeu que ninguém se apresentou. Com rápida decisão, saltou do seu lugar no fundo da sala e, depois de atravessar o tumultuoso espaço com passos gigantes

---

36. Em francês no original: na casa dele. [N. T.]

37. Félix Bertaux (1881–1948) foi um tradutor e germanista francês. Benjamin cita seu livro *Panorama de la littérature allemande contemporaine*, de 1928. Félix é pai de Pierre Bertaux, também germanista e testemunha da entrevista que Benjamin fez com Gide. Seu diário com anotações do encontro em 1928 mostra que ele intermediou a conversa entre Benjamin e Gide (cf. GS VII–2, p. 257–269, p. 617–624). [N. O.]

38. *Action française* foi um movimento nacionalista e politicamente de direita de antes da Segunda Guerra Mundial. Fundado por Charles Maurras e Léon Daudet em 1898 dentro do contexto maior do caso Dreyfus, seu combate contra a democracia parlamentar, seu catolicismo militante e antissemitismo foram divulgados em seu jornal, igualmente chamado de *L'Action française*. [N. O.]

até o pódio, ocupou a tribuna por quarenta e cinco minutos. Seu discurso provoca neste público de simpatizantes da *Action française* uma completa mudança. *Il a renversé la salle*,[39] como se costuma dizer. E o epílogo foi no dia seguinte em sua classe. Ele estava a ponto de escrever alguma coisa no quadro negro e deixou cair ao lado um pedaço de giz. Dez jovens jogaram-se dos seus bancos para pegá-los. Surpreendido, Bertaux quis observar melhor a cena e, agora apenas aparentemente por engano, deixa novamente cair alguma coisa. Desta vez, vinte jovens levantaram-se, tal era a impetuosa simpatia que o seu discurso havia conquistado na noite anterior. Ele podia ter feito a mais brilhante carreira política, tornando-se prefeito ou deputado. Preferiu, entretanto, trabalhar nas suas horas vagas em um léxico francês-alemão que o ocupou pelos últimos quinze anos e que é muito esperado. Nossa conversa girou em torno de Proust. Proust e Gide — no ano de 1919, a sua ordem de importância poderia ser momentaneamente colocada em dúvida. Mas não para Bertaux, mesmo na época. As objeções e reservas canônicas: que Proust não enriqueceu a *substance humaine*,[40] que ele não elevou e refinou o conceito de *humanité*.[41] Bertaux cita a comparação com a qual Gide caracteriza o procedimento de Proust perante o dia a dia: um pedaço de queijo observado ao microscópio. Pode-se dizer a si mesmo: *Eh bien, c'est ça ce que nous mangeons tous les jours?!*[42] — Replico

---

39. Em francês no original: expressão que significa que o locutor reverteu a posição inicial da maioria dos presentes em uma reunião. [N. T.]

40. Em francês no original: a substância humana. [N. T.]

41. Em francês no original: a humanidade. [N. T.]

42. Em francês no original: "Bem, é isso que nós comemos todos os dias ?!" [N. T.]

DIÁRIO PARISIENSE

que certamente ele não elevou a humanidade, mas apenas analisou-a. A sua grandeza moral, entretanto, permanece em um campo completamente diferente. Ele fez seu assunto, com uma paixão desconhecida por qualquer outro escritor antes dele, a fidelidade às coisas que cruzaram a nossa vida. Fidelidade a uma tarde, uma árvore, uma mancha solar sobre a tapeçaria, fidelidade aos vestidos, móveis, aos perfumes ou paisagens (eu devia ter notado que a descoberta do último volume no qual os caminhos para Guermantes e Méséglise entrelaçam-se representa alegoricamente a mais alta moral de que Proust dispunha). Concedo que Proust, no fundo, *peut-être se range du côté de la mort*.[43] *Para além do princípio de prazer*, a genial obra tardia de Freud, é provavelmente o comentário fundamental de Proust. Meu companheiro quer admitir tudo isso, mas permanece extremamente reservado, *se range du côté de la santé*.[44] Contento-me com a indicação de que se Proust, em sua obra, procurou e amou alguma saúde, em todo caso, não é aquela vigorosa do homem adulto, mas a indefesa e frágil da criança.

4 de fevereiro

Adrienne Monnier.[45] Pouco depois das três, abro a porta de *Aux amis des livres, 7, rue de l'Odéon*. Sinto uma certa diferença de outras livrarias. Certamente, não deve ser um sebo. Adrienne Monnier parece ocupar-se apenas

---

43. Em francês no original: "ele se coloca do lado da morte". [N. T.]
44. Em francês no original: "ele se coloca do lado da saúde". [N. T.]
45. Esta livraria de Adrienne Monnier (1892–1968), chamada na verdade de *Maison des amis des livres*, estava localizada em frente à Sylvia Beach's Shakespeare and Company (7, rue de l'Odéon). As duas lojas serviram de fórum para artistas modernistas como Paul Valéry, André Gide e James Joyce. [N. O.]

com novos livros. Mas a aparência é ainda menos multicolorida, menos movimentada ou distraída do que em outras lojas. Sobre a ampla mesa domina uma tonalidade quente e pálida de marfim. Ela vem talvez do envoltório de proteção transparente de muitos livros daqui — todos em moderna primeira edição em impressão de luxo. Dirijo-me para a mulher que me está próxima. Tive a sensação de que caso ela fosse Adrienne Monnier, isso significaria o grande desapontamento da minha fugidia e superficial expectativa de conhecer uma linda jovem. Uma mulher corpulenta, cabelos loiros, com olhos cinza-azuis muito claros, totalmente vestida em um resistente tecido cinza com corte semelhante ao de freiras. A frente do vestido é coberta com botões ornamentados, com debrum fora de moda. É ela! Imediatamente senti estar diante de umas das pessoas das quais nunca se pode mostrar respeito suficiente, e que sem contar aparentemente com tal respeito, todavia não recusará ou minimizará tal respeito por nenhum instante. Notável é que esta mulher, como ela me disse, tenha cruzado o caminho de Rilke, que viveu em Paris por tanto tempo, apenas duas vezes. Posso pensar que ele deveria ter manifestado a mais profunda inclinação por um ser de tal pureza rústica, por tal criatura cômica de mosteiro. Aliás, ela fala muito bem dele e diz "ele parece ter deixado a todos que o conheceram um pouco esta sensação: estar profundamente envolvido com tudo o que faziam". E durante a sua vida pôde dar-lhes essa sensação totalmente sem palavras, graças à sua mera existência. Estamos sentados no seu escritório estreito, coberto de livros logo no primeiro plano da loja. Naturalmente, nosso

DIÁRIO PARISIENSE

primeiro tópico de conversa é IMS;[46] em seguida o assunto versou sobre as virgens sábias e as virgens tolas. Ela fala de diferentes formas de *vierge sage* — aquela de Estrasburgo que a inspirou a escrever a peça que eu li e aquela da Notre-Dame de Paris *"qui est si désabusée, si bourgeoise, si parisienne — ça vous rappelle ces épouses qui ont appris à se faire à leur mari et qui ont cette façon de dire: Mais oui, mon ami; qui pensent un peu plus loin"*.[47] "E agora", disse-lhe Paulhan quando ele conheceu a *vierge sage*, "a senhora vai escrever-nos uma *'vierge folle'"*. Mas não! Há apenas uma *vierge sage*, embora elas estivessem reunidas em sete, enquanto que as *vierge folle* são muitas, isso seria o conjunto inteiro. Aliás, sua *Servante en colère*[48] foi já justamente uma *vierge folle*. E então ela disse algo que me daria a impressão de estar na essência do seu mundo, mesmo que eu não tivesse lido nada das suas coisas. Ela discursava sobre a integridade das sábias, e sobre como nesta integridade não pode ser ignorada uma aparência, um vislumbre de hipocrisia. As virgens sábias e as tolas — evidentemente o que ela fala não é no sentido da Igreja, mas na verdade distingue-se apenas minimamente — são infinitamente próximas entre si. Enquanto falava, suas mãos movimentaram-se com um balanço tão insinuante e sedutor que eu vi, na minha fantasia, um portal rodeado por todas as quatorzes virgens, repousando como pedestais de pedra movente, e um balanço contínuo de uma

---

46. IMS era o pseudônimo sob o qual Adrienne Monnier publicou alguns dos seus textos em prosa. [N. O.]

47. Em francês no original: "Que é tão desiludida, tão burguesa, tão parisiense — isto lembra estas esposas que aprenderam a se acostumar aos maridos e que têm esse modo de dizer, 'Mas sim, meu amigo'; que pensam um pouco mais longe". [N. T.]

48. Em francês no original: *Criada encolerizada*. [N. T.]

DIÁRIO PARISIENSE E OUTROS ESCRITOS

para a outra que expressava o sentido de suas palavras de forma mais perfeita. De forma totalmente natural chegamos assim a falar de *coincidentia oppositorum*, sem que este termo tenha sido explicitamente mencionado. Quis dirigir a conversa para Gide, de quem eu sabia que ela foi ou é próxima, já que aqui nestes espaços aconteceu o célebre leilão no qual Gide confirmou sem nenhuma dúvida a separação com aqueles amigos que recusaram a seguir o seu *Corydon*,[49] leiloando exemplares com a dedicatória para eles na sua livraria. "Não, sob nenhuma circunstância" — ela não quer saber de mencionar Gide aqui. É verdade que Gide possui a resposta afirmativa e a negativa, mas uma após a outra e no tempo, não na grande unidade, na grande calma que se pode encontrar primeiramente ainda junto aos místicos. Neste momento, ela menciona Breton, e isso realmente interessa-me. Ela diz que Breton é um caráter tenso, explosivo, em cuja proximidade a vida é impossível: *"quelqu'un d'inviable, comme nous disons"*.[50] E, no entanto, aparece-lhe extraordinário o primeiro Manifesto surrealista, e acrescenta que é possível mesmo achar coisas esplêndidas no segundo. Confesso-lhe que reparei — mas em um sentido desagradável —, sobretudo, na virada ocultista do segundo. desagradável. Ela também não quer saber da veneração das cartomantes na *Lettre aux*

---

49. O *Corydon: quatre dialogues socratiques* de Gide foi publicado anonimamente em trechos em 1911 e na versão completa em 1920. O texto apareceu com o nome do autor apenas em 1924. Ele representa a exploração mais explícita de sua homossexualidade. Por isso, essa publicação custou-lhe muitos amigos. [N. O.]

50. Em francês no original: "alguém inviável, como nós dizemos". [N. T.]

DIÁRIO PARISIENSE

voyantes[51] de Breton. Ela lembra-se ainda do tempo em que Breton com Apollinaire apareceram-lhe na butique e de como Breton era submisso a Apollinaire, obediente aos seus mínimos acenos. *"Breton, faites cela, cherchez ceci".*[52] Muitos clientes surgiram. Não quis forçar esta situação no canto da mesa, temo também estar atrapalhando o seu trabalho. Mas depois fui novamente cativado pelo modo com o qual ela lidou com a minha velha idiossincrasia de defender veementemente fotografias de obras de arte. A princípio, ela parece surpresa com minha afirmação sobre como é mais fácil "desfrutar" um quadro — sobretudo uma escultura, e mesmo a arquitetura — fotograficamente do que na realidade. Mas quando eu continuei e chamei essa forma de se ocupar com arte de pobre e enervante, ela teimou: "as grandes criações", ela disse, "não podem ser vistas como a obra de um pessoa. São formas coletivas, tão poderosas que a condição de desfrutá-las consiste em simplesmente reduzi-las. No fundo, os métodos de reprodução mecânica são uma técnica de redução, ajudando os humanos a obter o grau de domínio sobre a obra, sem o que não se pode fruí-la". E assim eu troco uma foto da *vierge sage* de Estrasburgo que ela prometera-me no início do encontro por uma teoria da reprodução que talvez me fosse ainda mais valiosa.

---

51. A *Lettre aux voyantes* acompanhou uma nova edição do *Manifeste du surréalisme*, incluindo um frontispício de Max Ernst publicado pela editora Kra em 1929. [N. O.]

52. Em francês no original: "Breton, faça isso, procure aquilo". [N. T.]

7 de fevereiro

Mélo de Bernstein no Ginásio.[53] Pode-se encontrar a arquitetura desse teatro atualmente apenas ainda nas fachadas de velhos cassinos de cidades termais. E quando é iluminada do início ao fim no estilo da Grande Ópera de Paris — de modo que todos os raios e feixes projetados tornem-se ribaltas das quais holofotes colocam as colunas de *primadonnas* em luz correta, ao passo que o escuro do céu noturno forma um arco em nichos sobre elas —, a cena exterior da fachada supera consideravelmente a do palco no interior.

10 de fevereiro

Adrienne Monnier pela segunda vez. Nesse ínterim, a topografia da *rue de l'Odéon* tornou-se mais familiar. Eu lera no seu perdido livro de poesia *Visages* os belos versos para sua amiga Sylvia Beach, que possuía uma pequena livraria em frente da dela, onde o inglês Joyce experimentou a movimentada história da sua primeira aparição. "*Déjà*", ela escreve —"*Déjà midi nous voit, l'une en face de l'autre/ Debout devant nos seuils, au niveau de la rue/ Doux fleuve de soleil qui porte sur ses bords/ Nos Libraires*".[54] Ela entra na loja por volta das 15h30, exatamente um minuto depois de mim, envolta em uma manta de lã cinza, com um ar de avó cossaca, tímida e muito determinada. E mal

---

53. A obra do dramaturgo francês Henri Bernstein (1876–1953) — peças como *Félix* (1926) e *Mélo* (1929) — oferece um registro dos dilemas morais e eróticos da França burguesa do início do século xx. [N. O.]

54. Em francês no original: "Já a tarde nos vê, uma em frente da outra/ em pé diante da porta, ao nível da rua/ rio suave de sol que incide sobre suas beiras/ nossas livrarias". [N. T.]

DIÁRIO PARISIENSE

nos sentamos ainda no mesmo lugar que antes, ela acena para alguém através da janela. Ele entra. É Fargue. E como trata-se de um dia encantador em Paris, um pouco frio com sol, e nós todos sentíamo-nos plenos com a beleza do lado de fora, eu também contei como vagueei por Saint-Sulpice, e Fargue confidenciou que gostaria de morar ali. Neste momento, ambos iniciaram um maravilhoso dueto em torno dos padres de Saint-Sulpice, um dueto que reverberou sua velha amizade. Fargue diz *Ces grands corbeaux civilisés*[55] e Monnier: "toda vez que atravesso a praça, que é tão bonita, mas sobre a qual no inverno sopra um vento cortante, e quando os padres saem da Igreja, é como se o vento fosse prender-se em suas batinas e levantá-las no ar". A fim de pegar a chave desse bairro incomparável, e especialmente a praça que está em seu coração, é preciso ter visto pelo bairro o ir e vir, o parar e fluir dessas vestes escuras, e como esse silêncio sacerdotal mesclava-se com o puro silêncio das muitas livrarias. Depois ambos retomaram suas desavenças amigáveis que devem vir de longa data. Fargue paga por sua preguiça: ele não escreve nada. *"Que voulez-vous, j'ai pitié de ce que je fais. Ces pauvres mots, je les vois, à peine écrits, qu'ils s'en vont, traînant, boitant, vers le Père-Lachaise".*[56] Nossa conversa seguinte é dominada pela tradução de Joyce que ela publicou. Ela comunicou as circunstâncias que a levaram a um tão surpreendente sucesso. Alguma menção a Proust: ela fala sobre a repugnância que sua exaltação da alta sociedade despertou-lhe, do protesto rebelde que lhe

---

55. Em francês no original: "Estes grandes corvos civilizados". [N. T.]

56. Em francês no original: "O que vocês querem, sinto-me aflito pelo que escrevi. Vejo estas pobres palavras, escritas com dificuldade, como elas vão embora arrastando-se, claudicantes para o cemitério de Père-Lachaise". [N. T.]

impedia de amar Proust, e então com fanatismo, quase com ódio, de Albertine que, em uma medida tão absurda, é *ce garçon du Ritz*[57] — Albert — cujo corpo atarracado e andar masculino ela sentia sempre em Albertine. A moral de Proust impedia de amá-lo, mas também somente de querer amá-lo. O que ela disse permite me falar sobre as dificuldades que Proust encontra com o leitor alemão; o quanto essas dificuldades exigem estudos introdutórios sobre o escritor para serem superadas, o quão pouco há de tais estudos entre nós e, no fundo, mesmo na França. Sua surpresa com respeito a essa afirmação é ocasião suficiente para indicar-lhe brevemente minha imagem de uma interpretação de Proust. Expliquei-lhe que o que ainda resta por descobrir não é o lado psicológico, nem a tendência analítica, mas o elemento metafísico de seus trabalhos. As cem portas que abrem o acesso ao seu mundo restam inexploradas: a ideia do envelhecer, o parentesco entre humanos e plantas, sua imagem do século dezenove, sua sensibilidade para o que está mofado, resíduos e coisas do gênero. E de como eu fiquei muito convencido de que para compreender Proust, deve-se em geral partir do fato de que seu objeto é o lado reverso: *le revers — moins du monde que de la vie même.*[58]

Depois, na mesma tarde, conversa com Audisio, a quem estou em condições de dizer muitas coisas sobre seu *Héliotrope*. Isso lhe alegrou.[59] Ele conta as circunstâncias

---

57. Em francês no original: "Esse rapaz do Ritz". [N. T.]

58. Em francês no original: "O reverso — menos do mundo do que da própria vida". [N. T.]

59. Gabriel Audisio (1900–1978) foi um poeta e ensaísta francês, funcionário público tanto na Argélia quanto na França. Sua obra celebra a luz e o sol do mundo mediterrâneo. Seu romance *Héliotrope* foi publicado em 1928. [N. O.]

DIÁRIO PARISIENSE

sob as quais ele escreveu o livro, o que nos levou a falar sobre trabalhar no clima do Sul. Estamos totalmente de acordo sobre o absurdo da opinião de que o sol do Sul seja um inimigo da concentração necessária para o trabalho intelectual. Audisio revelou seu plano de escrever uma *Défense du soleil*.[60] Entramos em uma reflexão sobre os diferentes tipos de contemplação mística que nasce sob o nórdico céu da meia-noite e sob o céu sulino do meio-dia. Jean-Paul, por um lado, e a mística oriental, por outro.[61] A atitude romântica do nórdico, que tenta adaptar-se ao infinito tecendo o seu mundo de sonhos, e o rigor dos sulistas que, de modo bastante desafiador, entra em concorrência com a infinitude do azul do meio-dia para criar algo igualmente duradouro. Essa conversa leva-me a pensar na minha temporada em Capri, em pleno julho, quando escrevi as primeiras quarenta páginas do livro sobre o barroco alemão: não tinha nada além de uma pena, tinta, papel, uma cadeira, uma mesa e o calor do meio-dia. Essa competição com duração infinita, cuja imagem evoca urgentemente o céu do meio-dia do Sul, assim como o céu noturno evoca aquela de um espaço infinito, perfaz o caráter reservado e construtivo da mística do Sul que encontra sua expressão arquitetônica, por exemplo, nos templos Sufi.

11 de fevereiro

Café da manhã com Quint. Não teria conversado tanto diretamente sobre a mais recente situação do surrealismo, se tivesse me dado conta de que a editora Kra — da qual

---

60. Em francês no original: *Defesa do sol*. [N. T.]

61. Jean-Paul Richter (1793–1825) escreveu uma série de romances extravagantes e imaginativos que, na sua combinação de fantasia e realismo, continua a desafiar as categorizações. [N. O.]

DIÁRIO PARISIENSE E OUTROS ESCRITOS

Quint é diretor — publicou o segundo Manifesto surrealista. Para Quint, a parte que diz respeito ao confronto com os primeiros membros do grupo é a mais fraca. Aliás, eu mal precisaria ter a necessidade da sua confirmação de que o movimento original alcançou seu fim. Mas é o momento exato para colocar com segurança retrospectivamente alguns fatos. E o primeiro e sobretudo mais glorioso: o surrealismo reagiu violentamente — o que na França testemunha a saúde de seus intelectuais — àquela mistura de poesia e jornalismo que começou a tornar-se a fórmula da atividade literária na Alemanha. Ele deu ao pensamento da *poésie pure*,[62] que ameaçou infiltrar-se na academia, uma ênfase demagógica quase política. Reencontrou a grande tradição da literatura esotérica que na verdade está longe da *art pour art*[63] que para os escritores é uma prática secreta salutar, uma receita de escrita. Ele intuiu a íntima inter-relação existente entre diletantismo e corrupção que formou a base do jornalismo. Com paixão anárquica, ele tornou impossível o conceito de nível, de média decente, na literatura. E daqui prosseguiu em seus esforços de sabotagem a regiões sempre mais amplas da vida pública e privada, até chegar finalmente à correção política dessa atitude: sua força de separação, ou melhor, de eliminação, torna-se evidente e eficiente. Mas também estamos de acordo quanto ao fato de que uma das grandes limitações do movimento foi a preguiça de seus líderes. Se encontrarmos Breton e fizermos a pergunta sobre o que ele faz, responderá assim: "*Rien. Que voulez-vous que l'on fasse?*".[64] Há muita afetação nessa frase, mas também

---

62. Em francês no original: poesia pura. [N. T.]

63. Em francês no original: arte pela arte. [N. T.]

64. Em francês no original: "Nada. O que você espera que eu faça?". [N. T.]

DIÁRIO PARISIENSE

muito de verdadeiro. E, sobretudo, Breton não percebe que a diligência além da cultura burguesa-filistina tem um lado mágico.

Antes disso, um passeio de despedida pelos *Champs-Élysées*. A superfície plana dos dias é como um espelho que, agora, quando eu chego às suas bordas, resplandece em todas as cores do prisma. Juntamente com o frio, chega também a primavera, e enquanto descemos o *Champs-Élysées* como um declive de montanha nevada com o pulso batendo e bochechas coradas, paramos de repente diante de um pequeno gramado atrás do *Théâtre Marigny*, onde pressentimos a primavera. Atrás do *Théâtre Marigny* um edifício muito imponente está sendo construído: uma cerca alta e verde rodeia o canteiro, e atrás dela erguem-se andaimes. Ali eu vi essa magia: uma árvore que lançava suas raízes no lugar cercado, alongando lateralmente para fora seus ramos desfolhados um pouco sobre a cerca. A cerca áspera adapta-se tão intimamente a esses ramos como uma renda de babados que envolve o pescoço de uma moça. No meio da massiva marcenaria da obra, essa silhueta foi como que desenhada pela mão segura de uma alfaiate. O sol chegava brilhando da direita, e como o cume da Torre Eiffel — o meu símbolo preferido de prepotência — quase que se dissolve no esplendor da luz, isso se tornou então a imagem da reconciliação e da purificação que a primavera evoca. O brilho do sol dissolveu os palácios de aluguel que de longe deixavam entrever a *rue La Boétie* e a *rue Montaigne*, tornando-se poderosa tinta pastel de cor marrom dourado que o Demiurgo espalhou sobre a palheta que é Paris. E enquanto caminhava senti meus pensamentos confundirem-se de modo tão caleidoscópico — a cada passo uma nova constelação, velhos elementos desapareciam e novos desconhecidos vinham

DIÁRIO PARISIENSE E OUTROS ESCRITOS

tropeçando; muitas figuras, mas basta que uma delas seja presa para que seja chamada de "frase" — então, entre milhares delas, formei também a que eu esperei tantos anos — a frase que me revelou completamente todo o milagre que a Madeleine (a verdadeira, não a proustiana) foi para mim desde o primeiro momento: no inverno a Madeleine é uma grande estufa que com sua sombra aquece a *rue Royale.*

O triângulo equilátero da nova literatura francesa

Paul Valéry

Paul Valéry na *École Normale**

Devemos pensar nos internatos da Era de Metternich (*Vormärz*),[1] no sul da Alemanha, para termos uma ideia dos espaços sóbrios da *École Normale*. Napoleão fundou esse Instituto para uma elite, a fim de lhe garantir toda a liberdade e independência material em seus estudos. Nessa escola, em 1911, Norbert von Hellingrath, o inesquecível editor de Hölderlin, falecido ainda jovem, foi professor de alemão, e também assegurou ali o lugar da língua alemã. Seu bibliotecário recém-falecido, Lucien Herr, tradutor da correspondência entre Goethe e Schiller, foi um dos melhores especialistas do movimento intelectual alemão. Grande parte dos cientistas franceses surgiu dessa escola. Pasteur, Taine, Fustel de Coulanges e muitos outros estão gravados no painel de honra de um "salão nobre". A gravura de ouro acima dele é o único ornamento neste local pequeno, escuro e baixo. Lá, Valéry ocupa a cátedra por meia hora.

Lentamente, ele caminha até ela com discrição. Uma vontade arquitetônica envolveu este corpo, seu gesto está para o bailarino como o som de seus versos para a música,

---

*. "Paul Valéry in der École Normal", in GS IV-1, p. 479–480. Tradução de Carla Milani Damião. Publicado originalmente na revista *Die literarische Welt* em 13 de agosto de 1926. [N. O.]

1. O termo *Vormärz* refere-se ao período histórico da Alemanha marcado pelas Revoluções de Março de 1848. Período conhecido como Era de Metternich. [N. O.]

e a elegância confere à aparição mil facetas geométricas. Imediatamente uma contradição impressiona e fascina: por mais brilhante que seja essa face bem cultivada e austera, o porte espiritualmente pleno da figura que envelhece é ainda capaz de impactar as pessoas, mesmo que olhar e voz recusem-se-lhe. O olhar é aguçado como o de um caçador; mira, porém, ctonicamente desviado, enviesado para baixo e para dentro. A voz ressoando com precisão, deixava-se ouvir apenas indiretamente. Para ser ouvida, ela exige adivinhação, como um texto para ser compreendido. Ele nem mesmo sobrepõe a fama, a idade e a sabedoria, "para influenciar na orientação" dos sessenta ou setenta jovens. Valéry, a quem algo canônico do "poeta", que ainda hoje permanece em vigor, foi muito tardiamente por si mesmo atribuído, ele nunca procurou conquistar isso através de "posicionamentos" em relação aos assuntos de seu povo, por um gesto de líder. Ele — que recentemente tornou-se um dos "Imortais" — não faz isso nem mesmo hoje. E por mais que ele busque, precisamente, distinguir-se do simbolismo, sobrevive nele, se não a audácia, o rigor de Mallarmé. Por isso, também o tom crítico de fundo é tão significativo, rompendo de vez em quando, ao contar de memória, a grande época do simbolismo.

Há quarenta anos, a grande preocupação de todos eles chamava-se: música. Todos os domingos ia ao Concerto Lamoureux no Champs-Élysées, e, após ter se entregado às grandes *Ouvertures* de Wagner, saía literalmente destruído ("*littéralement écrasé*"). Será que podemos criar algo que se possa equiparar a elas? Assim ecoava angustiadamente o grande ensaio de Baudelaire sobre o *Tannhäuser* para uma geração de poetas mais novos. A música possui sons, escala e tons: ela é capaz de construir. O

VALÉRY NA ÉCOLE NORMALE

que é, no entanto, construção na poesia? Quase sempre um simples contornar a estrutura lógica. Os simbolistas procuram reproduzir linguística e foneticamente a construção de sinfonias. E Mallarmé, após ter realizado as obras-primas desse estilo, dá um passo adiante. Recorre à escrita para competir com a música. Então, um dia, ele apresenta para Valéry, como o primeiro leitor, o manuscrito do *Coup de dés*.[2] "Veja e diga se estou louco!" (Esse livro é conhecido pela edição póstuma de 1914. É um volume de poucas páginas. Aparentemente aleatórias, com distâncias muito consideráveis, as palavras estão distribuídas em diferentes tipos de letras sobre as páginas). Mallarmé, cujo mergulho rigoroso no meio da construção cristalina de sua obra certamente tradicionalista viu a verdadeira imagem do que estava por vir, processou ali, pela primeira vez (como um poeta puro), o poder gráfico do anúncio no tipo de letra. Assim, a poesia absoluta em seu extremo é revertida em seu oposto aparente, e isso que ela refuta para os modernos, serve apenas para confirmar ao pensador. Para Valéry, talvez ainda não completamente: "O dedo pode talvez deslizar pela chama, mas não pode viver nela."

---

2. Em francês no original: *Lance de dados*. [N. T]

Paul Valéry – Em seu sexagésimo aniversário[*]

> *O langage chargé de sel, et paroles*
> *véritablement marines!*[**]

Valéry, certa vez, quis tornar-se oficial naval. Os traços desse sonho juvenil são ainda reconhecíveis naquele que ele se tornou. Primeiramente, há a sua poesia, a plenitude das formas que a linguagem extrai do pensamento como o mar extrai da calmaria; e, em segundo lugar, há esse pensamento, orientado de cima abaixo matematicamente, que se inclina sobre os fatos como sobre cartas náuticas e, sem agradar-se vendo "profundezas", já se dá por feliz por manter uma rota sem perigo. O mar e a matemática: eles estabelecem uma associação de ideias encantadora em uma das passagens mais belas que ele escreveu, com o narrador Sócrates relatando à Fedra a descoberta que fez

---

[*]. "Paul Valéry. Zu seinem 60. Geburtstag", in GS II-1, p. 386–390. Tradução de Carla Milani Damião. Originalmente publicado na revista *Die literarische Welt* em 30 de outubro de 1931. Como ocorre em outros textos publicados neste volume, partes deste ensaio compõem um outro mais extenso, intitulado "O lugar social do escritor francês na atualidade". [N. O.]

[**]. Em francês no original: "Ó linguagem carregada de sal e palavras verdadeiramente marinhas!" [N. T.]

à beira-mar. O achado é uma formação duvidosa — marfim ou mármore, ou um osso de animal — que as ondas arremessam à praia, como uma cabeça com as feições de Apolo. E Sócrates se pergunta se essa seria obra das ondas ou do artista; ele pondera: de quanto tempo o oceano precisaria até que, dentro de bilhões de formas, um acaso gere justamente essa forma; e de quanto tempo precisa o artista, e ele pode bem dizer: "que um artista vale mais que mil séculos ou cem mil ou muito mais... Aí reside uma estranha medida de avaliação de obras de arte". Se quiséssemos surpreender o sexagésimo aniversário do autor dessa grandiosa obra, *Eupalinos ou o arquiteto*, com um *ex-libris*, este poderia representar um grande compasso, com uma perna ancorada firmemente no fundo do mar e a outra estendida longe até o horizonte. Seria também uma parábola para a envergadura desse homem. A tensão é a impressão dominante de sua aparência física, é a expressão de sua cabeça, cujos olhos baixos indicam um devaneio de imagens terrenas que permitem ao homem determinar a rota de sua vida interior, quer de acordo com essas imagens, quer de acordo com as estrelas. A solidão é a noite de onde irradiam tais imagens, e dela Valéry tem uma longa experiência. Quando, aos vinte e cinco anos, publicou seus primeiros poemas e os dois primeiros ensaios, teve início a pausa de vinte anos de sua atuação pública, a partir da qual ele ressurgiu tão brilhantemente com o poema "A jovem Parca", em 1917. Oito anos depois, uma série de obras notáveis e engenhosas manobras na sociedade renderam-lhe ingresso na Academia Francesa. Não sem uma sutil maldade, foi-lhe designada a cadeira de Anatole France. Valéry aparou o golpe com um discurso extremamente elegante — a obrigatória *laudatio* a seu antecessor — em que o nome France não foi men-

VALÉRY EM SEU SEXAGÉSIMO ANIVERSÁRIO

cionado uma só vez. Além disso, este discurso contém uma perspectiva sobre a profissão de escritor que é incomum o suficiente para caracterizar o autor. Fala-se de um "Vale Josafat", no qual a multidão de escritores, antigos e presentes, aglomera-se: "Toda novidade perde-se em outra novidade. Qualquer ilusão de ser genuíno desaparece. A alma se entristece e volta-se em pensamentos, embora com dor, porém com uma dor estranha, como um misto de profunda compaixão e ironia, volta-se para aquelas milhões de criaturas que empunham a pena, aqueles inúmeros agentes do espírito, os quais, cada um a seu momento, viu-se como um criador livre, como a primeira causa motora, como o possuidor de uma certeza inabalável, como fonte única inconfundível, e ele que passava seus dias e horas trabalhando para afirmar-se como um diferenciado por toda eternidade, vê-se agora destruído pela quantidade e devorado pela multidão crescente de seus iguais." Em Valéry, o lugar dessa vontade totalmente vã de diferir-se é substituída por outra, a vontade pela duração, pela duração do que foi escrito. A duração da escrita, no entanto, é algo bastante diferente da imortalidade daquele que escreve, a duração existiu em muitos casos sem a última. É a duração, não a originalidade, que caracteriza o clássico na literatura, e Valéry não se cansou de perseguir suas condições. "Um escritor clássico", diz ele, "é um escritor que esconde suas associações de ideias ou as absorve". Naqueles lugares onde o impulso fez o autor arriscar-se, onde ele se achou acima do destino, não viu as lacunas, e porque ele não as viu, não as preencheu — nesses lugares cresce o mofo do envelhecimento.

É preciso autocrítica para perceber as lacunas e fronteiras do pensamento. Valéry examina de maneira inquisitória a inteligência do escritor, sobretudo do poeta, depois, exige uma ruptura com a opinião generalizada de que ela é óbvia em quem escreve, e mais ainda com outra, muito mais generalizada, de que ela não tem nada a dizer no poeta. Ele mesmo possui uma estratégia e de uma maneira que não é óbvia de modo algum. Nada pode ser mais desconcertante do que sua encarnação, o *Monsieur Teste*. Desde o início de sua obra até a mais recente, reiteradamente, ele volta a essa figura estranha em torno da qual se reuniu todo um círculo de pequenos escritos: uma noite com *Monsieur Teste*, uma carta de sua esposa, um prefácio e, como é conhecido, um diário de bordo. *Monsieur Teste* — em alemão: Herr Kopf[1] — é a personificação do intelecto, que lembra muito o Deus da teologia negativa de Nicolau de Cusa. Tudo o que podemos saber de *Teste* resulta em negação. O mais fascinante de sua apresentação não está, por isso, em teoremas, mas nos truques de um modo de comportamento que prejudique, o menos possível, o não-ser e satisfaça a máxima: "Cada emoção, cada sentimento é sinal de um erro na construção e adaptação". Mesmo que o *Monsieur Teste* sinta-se naturalmente humano, ele levou a sabedoria de Valéry a sério, de que os pensamentos mais importantes são aqueles que contradizem nossos sentimentos. Ele é por isso também a negação do "humano": "Veja, o crepúsculo do impreciso está entrando, e diante da porta está o reino do desumanizado, que surgirá da precisão, do rigor e da pureza nos assuntos dos humanos". Nada de expansivo, patético, "humano", entra no raio dessa personagem original de Valéry, para a qual o pensamento representa a única substância da qual a perfeição se deixa formar. Um de seus atributos é a continuidade. Assim, também, ciên-

---

1. Em português: *Senhor Cabeça*. [N. T.]

VALÉRY EM SEU SEXAGÉSIMO ANIVERSÁRIO

cia e a arte no espírito puro são um *continuum* por meio do qual o método de Leonardo (que aparece na primeira obra do poeta, *Introdução ao método de Leonardo da Vinci*, como um precursor do *Monsieur Teste*) abre caminhos que não podem, de maneira alguma, ser mal-entendidos como limites. É o método que, em sua aplicação na poesia, levou Valéry para o famoso conceito de *poésie pure*, que certamente não foi criado para ser arrastado durante meses por um abade letrado[2] pelas revistas literárias da França para fazê-lo extorquir sua confissão de identidade com o conceito de oração. Reiteradamente e com estrondoso sucesso, o próprio Valéry nomeou as estações individuais na história das teorias poéticas — as teses de Poe, Baudelaire e Mallarmé —, nas quais o construtivo e o musical da lírica tentaram delimitar suas habilidades uma contra a outra, até que ela, em sua própria obra, entenda a si mesma como interação perfeita de inteligência e voz — em reflexões cujo centro é formado em suas obras-primas líricas — *Le Cimetière marin, La jeune parque, Le serpent*. As ideias de seus poemas elevam-se como ilhas no mar da voz. É isso que separa essa poesia reflexiva[3] de tudo o que chamamos assim em alemão: em nenhum lugar a ideia se choca

---

2. Benjamin refere-se ao famoso discurso do Abade Henri Bremond na reunião das Cinco Academias francesas, ocorrido em 1925, em torno da ideia de *poésie pure* (cf. BREMOND, *La poésie pure*), que gerou um largo debate, a querela da *poésie pure*, pois tratava de apresentar Valéry como uma espécie de exemplo negativo/construtivo à concepção de poesia pura. Em *Éclaircissements*, escrito após o discurso polêmico, Bremond justifica a escolha, entre outros argumentos, ao marcar a ambiguidade do poeta, da seguinte maneira: "a perversidade do poeta [Valéry] que se nega; o esplendor da auréola que ele não consegue extinguir". A referência de Benjamin ao abade, contudo, é irônica. [N. O.]

3. No original em alemão: *Gedenkenlyrik*. [N. T.]

com a "vida" ou a "realidade" nela. O pensamento não tem que lidar com mais nada além da voz: essa é a quintessência da poesia pura (*poésie pure*). "A lírica é aquele tipo de literatura que tem como condição a voz em ação — a voz, como ela diretamente parte ou como é despertada pelas coisas como vimos ou sentimos em sua presença." E: "As exigências de uma estrita prosódia são o instrumento, em virtude do qual o modo natural de falar adquire as características de um material resistente, estranho à nossa alma e surdo aos nossos desejos". Essa é precisamente a peculiaridade da inteligência pura. Essa *intelligence pure*, no entanto, que entrou em alojamentos de inverno sobre os picos inóspitos de uma poesia esotérica na obra de Valéry, ainda é a mesma, sob liderança da qual a burguesia europeia, na era dos descobrimentos, partiu para suas conquistas. A dúvida cartesiana do conhecimento aprofundou-se em Valéry de maneira quase aventureira e ainda assim metódica para uma dúvida sobre as próprias perguntas: "A gama de potências de acaso, dos deuses e destino nada mais são do que nossas falhas intelectuais. Se tivéssemos uma resposta para tudo — quer dizer, uma resposta exata, então essas potências não existiriam... Sentimos isso também, e é por isso que, no final, voltamo-nos contra nossas próprias perguntas. Isso deveria representar o começo. Devemos formar em nosso interior uma pergunta que preceda todas as outras e pergunte a cada uma para que servem". A ligação retroativa específica de tais pensamentos ao período heroico da burguesia europeia permite dominar a surpresa com a qual encontramos novamente aqui, num dos postos mais avançados do velho humanismo europeu, a ideia do progresso. Ou seja, é a ideia convincente e autêntica: aquela do transferível nos métodos que corresponde tão palpavelmente à noção

VALÉRY EM SEU SEXAGÉSIMO ANIVERSÁRIO

de construção em Valéry quanto contraria a obsessão da inspiração. "A obra de arte", disse um de seus intérpretes, "não é uma criação. É uma construção em que a análise, o cálculo, o planejamento desempenham o papel principal." Valéry comprovou a última virtude do processo metódico: levar o pesquisador para além de si mesmo. Pois, quem é *Monsieur Teste*, senão o indivíduo que já pronto para cruzar o limiar do desaparecimento histórico, de novo, como uma sombra, apronta-se para responder ao apelo, para logo em seguida submergir imediatamente, onde ele não é mais afetado por ninguém, em uma ordem, cuja aproximação Valéry circunscreve da seguinte maneira: "Na era de Napoleão, a eletricidade tinha aproximadamente a mesma importância atribuída ao cristianismo no tempo de Tibério. Aos poucos, tornou-se óbvio que esta inervação geral do mundo foi mais importante e mais capaz de mudar a vida futura do que quaisquer acontecimentos políticos, desde Ampère até os dias atuais". O olhar que ele dirige a este mundo vindouro não é mais aquele do oficial, mas apenas do marinheiro que conhece a meteorologia, que está sentindo a grande tempestade aproximar-se e reconhece demasiadamente bem as condições transformadas do curso do mundo — "crescente precisão e exatidão, crescente eficácia" — para não saber que diante deles até mesmo "os pensamentos mais profundos de um Maquiavel ou de um Richelieu têm hoje apenas a confiabilidade e o valor das previsões para a bolsa de valores". Assim, ele fica "de pé lá, o homem no promontório do pensamento, mantendo um olhar atento, o mais longe possível, até os limites das coisas ou da capacidade de visão".

Anotações para o ensaio
sobre Paul Valéry[*]

A ideia de inatividade — em *Monsieur Teste* — é a crítica mais afiada do mundo de Valéry a si mesmo.

Dificuldade de distinguir a ociosidade humanista da desumana. O compromisso de Valéry com o esnobismo.

O caráter de fuga de seu pensamento: a matemática e o mar; mundos puros da forma, alienados do mundo interior da práxis.

Os pensamentos universais de Valéry. Há, de fato, uma área em seus pensamentos na qual eles rebentam em terra firme, sentiria quase tentado a dizer, em terra prometida.

O insípido clichê que os franceses reivindicam, *raison* e *clarté*,[1] como virtudes nacionais poderiam ganhar alguma vida sob um exame de Valéry.

Em Valéry espreita sempre um materialismo inescrupuloso, como os enciclopedistas o dão a conhecer.

---

[*]. "Ein Blatt mit Brouillons zu dem Aufsatz Paul Valéry", in GS II-3, p. 1145–1146. Tradução de Carla Milani Damião. Os editores alemães Tiedemann e Schweppenhäuser comentam o material da seguinte maneira: "Uma folha com *brouillons* do ensaio Paul Valéry — o único trabalho preliminar que existe no espólio de Benjamin" (p. 1145). Trata-se de uma folha de anotações avulsa, relativa ao ensaio sobre Valéry. [N. O.]

1. Em francês no original: razão e clareza. [N. T.]

{Uma avaliação fundamental de Valéry exige que a inteligência do escritor, em particular do poeta, seja perseguida com fúria inquisitiva; exige que ela rompa com a crença generalizada de que a inteligência, no caso dos escritores, é óbvia. Valéry possui uma [inteligência] que não é óbvia; a outra é uma variante da falta de inteligência.}[2]

Existe uma conexão entre a sobriedade concisa e metódica do pensador e escritor Valéry e a crueldade com que o poeta faz do nada o atributo da perfeição.

Arquitetura e dança, são elas as mais transparentes diante do nada?

Em Valéry, no entanto, a intenção metódica em sua aplicação à poesia levou apenas à ideia de uma *poésie pure*; mesmo que ele tenha reconhecido claramente os vínculos precisos entre poesia e ciência, parece que ele não foi capaz de realizar uma continuidade igualmente rigorosa: a da poesia e da literatura, portanto, de sua própria práxis nas mesmas.

A poesia de Valéry — um jogo muito preciso de referência recíproca entre voz e inteligência, as ideias de seus poemas emergem como ilhas do mar da voz. Isso é o que distingue essa lírica reflexiva[3] de tudo o que em alemão denominamos assim: em nenhum lugar nela a ideia se encontra com a "vida" ou com a realidade. O pensamento não tem a ver com mais ninguém do que com a voz: isso e nada mais é a quintessência da *poésie pure*. Em outras

---

2. Os editores Tiedemann e Schweppenhäuser mantiveram inúmeras exclusões de trechos riscados nos manuscritos pelo próprio Benjamin. O uso de chaves sinaliza quais são os trechos. Nessas anotações, este parágrafo teria sido riscado. O uso de colchetes [] indica a complementação de palavras ininteligíveis nos manuscritos.

3. No original em alemão: *Gedankenlyrik*. [N. T.]

ANOTAÇÕES PARA O ENSAIO

palavras: se a determinação da lírica é a *poésie pure*, então esta tem a ver, por sua vez, exclusivamente, com a *intelligence pure*.

Leonardo e Pascal representam para Valéry o esplendor e a miséria do homem de pensamento. No *corpus* geral de suas obras, o confronto apaixonado com o último é ainda mais frequente do que a adesão sem reservas ao primeiro. A *Introdução ao método de Leonardo* coloca os dois em comparação.

A produção de Valéry é caracterizada pela tarefa — cada vez mais difícil de assumir e por fim irresolúvel — de harmonizar certos conhecimentos com o uso de privilégios específicos.

Marcel Proust

Imagem de Proust[*]

I

Os treze volumes de *À la recherche du temps perdu* de Marcel Proust são o resultado de uma síntese difícil de ser construída, na qual a imersão do místico, a arte do prosador, a verve do satírico, o saber do erudito e o ensimesmamento do monomaníaco convergem em uma obra autobiográfica. Diz-se com razão que todas as grandes obras da literatura fundam ou desfazem um gênero, em suma, são casos excepcionais. Entre elas, essa, porém, é uma das mais inclassificáveis. A começar pela construção que apresenta poesia, memórias, comentário em *uma única obra*, até a sintaxe de frases infinitas, sem margens (esse Nilo da linguagem que transborda aqui, fertilizando as planícies da verdade), tudo está fora da norma. Que esse grande caso especial da literatura represente, ao mesmo tempo, sua mais elevada realização nas últimas décadas, é o primeiro reconhecimento esclarecedor que se abre ao observador. Insalubres em mais alto grau são as condições que a sustentavam. Um sofrimento incomum, uma

---

[*]. "Zum Bilde Prousts", in GS II-1, p. 310-324. Tradução de Carla Milani Damião. Ensaio publicado pela primeira vez em 1929 na revista *Die literarische Welt*. A tradução é da versão datada de 1934. Benjamin foi o primeiro autor alemão contratado para traduzir a obra de Proust, tendo publicado, em 1927, *À sombra das moças em flor* e, em 1930, *O caminho de Guermantes*. A tradução do volume *Sodoma e Gomorra* não foi encontrada. [N. O.]

riqueza excepcional e uma predisposição anormal. Nem tudo nessa vida é modelar, mas tudo é exemplar. A obra determina, para a realização literária extraordinária daquela época, seu espaço no coração da impossibilidade, no centro; e, certamente, ao mesmo tempo, no ponto de indiferença de todos os riscos, caracterizando essa grande realização da "obra de uma vida" como sendo uma última por muito tempo. A imagem de Proust[1] é a mais elevada

---

1. Certamente essa penúltima frase do primeiro parágrafo do ensaio conduziu à tradução deste como "A imagem de Proust" (*Prousts Bild*). O sentido de imagem no ensaio, cujo título no original é "Zum Bilde Prousts", no entanto, não condiz apenas com a descrição fisionômica. Por isso, a opção de alguns tradutores por *Retrato* de Proust parece arriscada e, ao mesmo tempo, possível. Traduzir *Zum* como *para*, no sentido de em direção a, poderia indicar a procura por essa imagem que se constitui no ensaio de maneira ambígua e como um exercício imagético-mimético do próprio Benjamin que, como Proust, também cria imagens de forma semelhante à construção imagética proustiana. Nossa opção foi por deixar a palavra "imagem" sem a determinação da preposição ou do artigo definido, de forma a ampliar seu sentido no ensaio. Vale indicar a análise do título por Ursula Link-Heer (*Benjamin-Handbuch*, p. 514), ao comparar duas traduções para o francês do ensaio — "Pour le portrait de Proust" de Maurice de Gandillac e "À propos de l'image chez Proust" de Rainer Rochlitz. Ambas as traduções, segundo a autora, estão corretas. A primeira como leitura fisionômica; a segunda como Proust ele próprio lidava com as imagens. O título, nesse sentido, comportaria essa ambiguidade proposital, ao utilizar uma composição com o genitivo que se relaciona tanto com o sujeito (criação proustiana de imagens) quanto com o objeto (Proust retratado). Nossa opção por "Imagem de Proust", ao retirar a preposição inicial, pode igualmente retirar a ambiguidade, por assim dizer, intraduzível, mas abre a possibilidade de perceber que a imagem de Proust é também composta por Benjamin e que o próprio título é composto, mimeticamente, como um arabesco proustiano. Vale ainda ressaltar, do comentário de Heer, o estrito parentesco do sentido de imagem no ensaio com o sentido de "imagem dialética" que surge em seus escritos posteriores. [N. T.]

IMAGEM DE PROUST

expressão fisionômica que a irresistível e crescente discrepância entre poesia e vida pôde ganhar. Essa é a moral que justifica a tentativa de trazê-la à tona.

Sabemos que Proust não descreveu em sua obra uma vida como ela foi, mas uma vida como aquele que a viveu lembra[2] dessa vida. Entretanto, isso ainda está expresso de maneira imprecisa e, de longe, de forma muito grosseira. Pois aqui, para o autor que lembra, aquilo que ele vivenciou não desempenha de forma alguma o papel principal, mas sim o tecer de suas lembranças, o trabalho de Penélope da rememoração. Ou deveríamos falar de uma obra de Penélope do esquecimento? Não está a rememoração involuntária,[3] a *mémoire involontaire* de Proust, muito mais próxima do esquecimento que daquilo que na maioria das vezes se chama lembrança? E essa obra de rememoração espontânea, na qual a lembrança é a trama, e a urdidura o esquecer, não é muito mais o oposto à obra de Penélope do que sua imagem semelhante?[4] Pois aqui o

---

2. Traduzimos [*die*] *Erinnerung* por "lembrança", [*das*] *Eingedenken* por "rememoração", respeitando tanto o significado particular de cada substantivo quanto o jogo dialético que — nesse ensaio — ocorre entre os seguintes verbos substantivados: o "lembrar" (*das Erinnern*) e o "esquecer" (*das Vergessen*). Mais do que uma simples variação de termos — por vezes traduzidos de maneira diferente na recepção de Walter Benjamin no Brasil —, os verbos substantivados de "lembrar" e "esquecer" são de fundamental importância para a compreensão da dialética que se instaura na tecedura ou confecção de imagens literárias que se constituem no limite entre inconsciente e consciente. [N. T.]

3. No original em alemão: *ungewollte Eingedenken*, aqui aproximada do conceito proustiano de memória involuntária (*mémoire involontaire*). [N. T.]

4. No original em alemão: *Ebenbild*. [N. T.]

dia desfaz o que a noite tecia.[5] Toda manhã, despertos, seguramos em nossas mãos, quase sempre de maneira fraca e solta, apenas algumas franjas do tapete da existência vivida, como o esquecer o teceu em nós. Mas cada dia desfaz o entrelaçamento, os ornamentos do esquecer por meio da ação vinculada a um objetivo e, mais ainda, por meio do lembrar preso a um objetivo. Por isso, Proust, ao final, transformou seus dias em noite para dedicar imperturbavelmente todas as suas horas à obra, sob luz artificial em seu quarto escurecido, para não perder nenhum de seus enredados arabescos.

Quando os romanos denominam um texto tecedura, quase nenhum outro, assim sendo, é mais intenso e mais denso que o de Marcel Proust. Nada foi para ele denso e duradouro o bastante. Seu editor, Gallimard, narrou como os hábitos de Proust durante a revisão deixavam os gráficos desesperados. As provas voltavam sempre cheias de anotações nas margens. Mas nenhum erro ortográfico havia sido corrigido; todo espaço disponível estava tomado por novos textos. Assim a legalidade do lembrar efetivava-se até na extensão da obra. Pois um acontecimento vivido é finito, ao menos encerrado na esfera do vivenciado, um acontecimento lembrado é ilimitado, porque ele é apenas chave[6] para tudo o que veio antes e tudo o que veio depois dele. Ainda noutro sentido, a lembrança aqui dita a regra rigorosa do tecer. A unidade do texto não é a pessoa do autor, muito menos a ação, mas, exatamente, o *actus purus* do próprio lembrar. Pode-se até mesmo dizer, suas intermitências são apenas o avesso do *continuum*

---

5. No original em alemão: *wirken*, palavra que também significa tecer, especialmente tapeçaria. [N. T.]

6. No original em alemão, com complementação entre chaves: *weil* [*es*] *nur Schlussel* [*ist*]. [N. T.]

IMAGEM DE PROUST

do lembrar, o desenho invertido do tapete. Assim o quis Proust, e assim ele deve ser compreendido, quando diz que preferiria ver toda sua obra impressa em duas colunas, em um volume, e sem nenhum parágrafo.

O que ele procurava tão freneticamente? Em que se fundamentavam esses esforços infinitos? Podemos dizer que todas as vidas, obras, ações que importam, nunca foram outras do que o desdobramento inabalável das horas mais banais e voláteis, mais sentimentais e mais frágeis na existência daquele ao qual elas pertencem? E quando Proust, em uma passagem famosa, descreveu esse seu momento mais próprio, ele o fazia de tal maneira que cada um o reencontrasse em sua própria existência. Por pouco poderíamos denominá-lo de corriqueiro. Ele vem com a noite, com um assobio longínquo ou com o suspiro no peitoril da janela aberta. E não se pode prever quais encontros estariam predeterminados, se nós estivéssemos menos dispostos a dormir. Proust não obedecia ao sono. E mesmo assim, por isso mesmo e muito mais, pode Jean Cocteau falar num belo ensaio sobre o timbre de sua voz, que ela foi obediente às leis da noite e do mel. Sujeitando-se ao seu domínio, ele venceu o luto desesperançoso em seu interior (o que ele certa vez denominou *l'essence même du présent une imperfection incurable*[7]), e construiu dos favos da lembrança sua casa para abrigar o

---

7. Em francês no original: "A imperfeição incurável na própria essência do presente". Essa citação foi retirada da seguinte passagem de *Les plaisirs et les jours (Os prazeres e os dias)*, xxv, 1§: "Mais comme l'alchimiste, qui attribue chacun de ses insuccès à une cause accidentelle et chaque fois différente, loin de soupçonner dans *l'essence même du présent une imperfection incurable*, nous accusons la malignité des circonstances particulières, les charges de telle situation enviée, le mauvais caractère de telle maîtresse désirée, les mauvaises dispositions de notre santé un jour qui aurait dû être un jour de plaisir,

DIÁRIO PARISIENSE E OUTROS ESCRITOS

zunir dos pensamentos. Cocteau viu o que deveria ocupar todo leitor de Proust no mais elevado grau: ele viu o desejo de felicidade cego, desatinado, possuído nessa pessoa. Reluzia de seus olhares. Eles não eram felizes. Mas neles jazia a felicidade como *no* jogo ou *no* amor. Não é difícil dizer por que esse desejo de felicidade hesitante, explosivo, que penetra a poesia de Proust é tão raramente entendido pelos seus leitores. Proust mesmo facilitou-lhes em considerar, em vários lugares, essa obra sob a antiga perspectiva comprovada e confortável da renúncia, do heroísmo, da ascese. Já que nada é mais óbvio aos alunos modelares da vida senão o fato de que uma grande realização seja apenas fruto de esforços, lamento e decepção. Pois que no belo também a felicidade possa participar, seria um excesso do bem, além do qual o ressentimento deles jamais se consolaria.

Existe, porém, uma vontade de felicidade dupla, uma dialética da felicidade. Uma forma de felicidade hínica e elegíaca. Uma: o inaudito, o que nunca existiu antes, o ápice da beatitude. Outra: o eterno mais uma vez, a eterna restauração da felicidade originária, primeira. Essa ideia de felicidade elegíaca, que se poderia também chamar de eleática, é o que, para Proust, transforma a existência em uma floresta encantada da lembrança. A ela, ele não só

---

le mauvais temps ou les mauvaises hôtelleries pendant un voyage, d'avoir empoisonné notre bonheur." (grifo nosso). "Mas como o alquimista que atribui a cada um dos seus insucessos uma causa acidental e a cada vez diferente, longe de supor *uma imperfeição incurável na própria essência do presente*, acusamos a malignidade das circunstâncias particulares, os fardos de tal situação invejada, o caráter ruim da amante desejada, as más disposições de nossa saúde em um dia que deveria ser de prazer, o mau tempo ou más hospedarias durante uma viagem, de ter envenenado nossa felicidade." [N. T.]

IMAGEM DE PROUST

sacrificou na vida amigos e convívio social como também, na obra, ação, unidade da personagem, fluxo narrativo e jogo da fantasia. Max Unold, não o pior de seus leitores, aquele que deu atenção ao "tédio" de tal modo condicionado de seus escritos com as "histórias de cobrador", e que encontrou a fórmula: "Ele conseguiu tornar interessante a história de cobrador". Ele diz: "reflita, senhor leitor, ontem mergulhei um biscoito no meu chá, então ocorreu-me que quando criança estive no campo — e para isso ele gasta 80 páginas, e é tão fascinante, que nós não acreditamos ser mais o ouvinte, mas o próprio sonhador desperto". Nessas histórias de cobrador, Unold encontrou uma ponte para o sonho — "todos os sonhos comuns, tão logo são contados, tornam-se histórias de cobrador". Toda interpretação sintética de Proust deve ser relacionada ao sonho. Não faltam portas imperceptíveis que levem para dentro. Lá se encontra o estudo frenético de Proust, seu culto apaixonado da semelhança. Não onde ele a descobre sempre perplexa, inesperadamente nas obras, fisionomias ou modo de falar, que ela [a semelhança] deixa reconhecer os verdadeiros sinais de seu domínio. A semelhança de um com o outro, com a qual contamos, que nos ocupa no estado desperto, envolve apenas o mais profundo mundo do sonho, no qual o que ocorre emerge, nunca de forma idêntica, mas de forma semelhante, semelhante a si mesmo, de forma não transparente. As crianças conhecem a marca desse mundo, a meia, que tem a estrutura do mundo dos sonhos, quando ela, enrolada na cesta de roupa, é ao mesmo tempo "bolsa"[8] e "o que

---

8. No original em alemão: "*Tasche*", entre aspas, uma espécie de bolsa que se forma ao enrolarmos um par de meias, virando uma das

DIÁRIO PARISIENSE E OUTROS ESCRITOS

está dentro".[9] E assim como elas mesmas não podem saciar-se de transformar ambas: bolsa e o que está dentro, com *um* gesto, num terceiro [elemento] — em meia; também Proust era insaciável em esvaziar, num único gesto, o falso modelo, o eu, para sempre de novo entregar um terceiro: a imagem, que matava sua curiosidade, ou mais ainda, sua nostalgia. Dilacerado pela nostalgia, ele deitava na cama, com saudades do mundo distorcido no estado de semelhança, no qual a verdadeira face surrealista da existência irrompe. A ela pertence o que acontece em Proust, e quão cuidadosa e elegantemente isso emerge. Isto é, nunca isolada, patética e visionariamente, mas anunciada e multiplamente apoiada, carregando uma frágil e preciosa realidade: a imagem. Ela desprende-se da estrutura das frases de Proust como em Balbec, sob as mãos de Françoise, o dia de verão — velho, imemorial, mumificado — desprende-se das cortinas de tule.

II

O mais importante que alguém tem a dizer, nem sempre ele proclama em voz alta. E, mesmo em silêncio, ele nem sempre o confia para o mais familiar, o mais próximo, nem sempre aquele que se prontificava mais devotadamente a receber sua confissão. Se não somente as pessoas, mas também as épocas, têm essa maneira casta, ou seja, formas tão astutas e frívolas de comunicar o seu

---

bordas para reunir cada meia em separado em uma peça única que, para Benjamin, assemelha-se a uma bolsa. [N. T.]

9. No original, o substantivo *"Mitgebrachtes"*, também entre aspas, do verbo *mitbringen* que literalmente é "trazer com", pode ser o que "veio junto". *Mitgebrachtes*, em seguida, é substituído no jogo de palavras que formam a imagem lúdica do jogo das crianças, por *"was drin liegt"*, literalmente, "o que está dentro". [N. T.]

IMAGEM DE PROUST

mais próprio a uma pessoa qualquer, e então, para o século XIX, não é Zola ou Anatole France, mas sim o jovem Proust, o desprezível esnobe, o insincero frequentador de salões, que capturou no ar as confidências mais surpreendentes do curso envelhecido do tempo (como de um outro igualmente agonizante Swann). Só Proust tornou o século dezenove memorável.[10] O que antes dele foi um período sem tensão, tornou-se um campo de força no qual as correntes mais diversas foram despertadas por autores posteriores. Não é coincidência que o trabalho mais interessante desse tipo venha de uma escritora, que era pessoalmente próxima de Proust como admiradora e amiga. Já o título sob o qual a duquesa Clermont-Tonnerre apresenta o primeiro volume de suas memórias — *Au temps des équipages*[11] — teria sido inimaginável antes de Proust. Além disso, é o eco que ressoa suavemente o chamado ambíguo, amoroso e desafiador do poeta de Faubourg Saint-Germain. Acrescente-se a isso que essa apresentação (melódica) está cheia de relações diretas ou indiretas a Proust, tanto em sua atitude como em suas personagens, entre as quais estão ele próprio e alguns de seus objetos favoritos de estudo do Ritz. Com isso, é claro que não podemos negar que estamos em um ambiente muito feudal e com aparições como Robert de Montesquiou, que a duquesa Clermont-Tonnerre apresenta magistralmente, e, além disso, um meio muito especial. Em Proust também estamos nesse meio, sabe-se que não falta um correspondente a Montesquiou. Isso tudo não compensaria a discussão — especialmente porque a questão

---

10. Note-se a composição híbrida, francês e alemão, da palavra "*mémoirenfähig*", que traduzimos por memorável, no sentido de tornar capaz de se lembrar. Quem se lembra? A época, o século XIX. [N. T.]

11. Em francês no original: *Nos tempos das tripulações*. [N. T.]

dos modelos é secundária e irrelevante para a Alemanha — se a crítica alemã não gostasse tanto de se acomodar. Antes de tudo, a crítica poderia deixar passar a oportunidade de acanalhar-se com a corja das bibliotecas. Nada ficou mais perto de seus exponentes mais experientes, senão deduzir o autor do ambiente esnobe da obra e rotular o trabalho de Proust, um caso interno francês, um folhetim de entretenimento de Gotha.[12] Agora é óbvio: os problemas das pessoas proustianas vêm de uma sociedade saturada, mas não há um único que seja congruente com aqueles do autor. Esses são subversivos. Se fosse para expressar estes problemas em uma fórmula, então seu propósito seria o de construir toda a estrutura da sociedade mais alta na forma de uma fisiologia da tagarelice. Não há no tesouro de seus preconceitos e máximas nenhum que sua perigosa visão do cômico não aniquile. Ter chamado a atenção para essa não é o menor dos significativos méritos que Léon Pierre-Quint conquistou como o primeiro intérprete de Proust. Quint escreve: "Quando falamos de obras de humor, geralmente pensamos em livros curtos e divertidos com capas ilustradas: esquecemos de *Dom Quixote*, *Pantagruel* e *Gil Blas*,[13] volumes pesados, desproporcionais e impressos em letras miúdas". O lado subversivo da obra de Proust aparece nesse contexto da maneira mais concisa. E aqui é menos o humor do que o cômico o centro verdadeiro de sua força; ele não ergue o mundo em gargalhadas, mas o derruba nas gargalhadas. Sob o risco de ele quebrar-se em cacos, diante dos quais ele mesmo desaba em prantos. E ele quebra-se em peda-

---

12. Gotha é o título de catálogo genealógico da aristocracia europeia. [N. O.]

13. *L'Histoire de Gil Blas de Santillane* é o título completo da autobiografia ficcional (1715–1747) citada por Benjamin. [N. T.]

IMAGEM DE PROUST

ços: a unidade de família e da personalidade, da moral sexual e da honra de classe. As pretensões da burguesia são espatifadas nas gargalhadas. Sua fuga de volta, sua reassimilação à aristocracia, é o tema sociológico da obra.

Proust não se cansou do treinamento que o contato com os círculos feudais exigia. Perseverantemente e sem ter que se esforçar muito, ele flexibilizou sua natureza a fim de torná-la tão impermeável e engenhosa, devota e difícil como ele havia de se tornar pelo bem de sua tarefa. Mais tarde, a mistificação, a cerimoniosidade, tornaram-se tão naturais que suas cartas são às vezes sistemas inteiros de parênteses — e não apenas gramaticais. Cartas que, apesar de sua composição infinitamente inteligente e ágil, lembram, por vezes, o lendário esquema: "Honrada Senhora, acabo de perceber que esqueci ontem minha bengala em sua casa e peço que a entregue ao portador desta mensagem. P.S.: Perdoe o incômodo, acabei de encontrá-la". Quão inventivo ele é em apuros. Tarde da noite, ele aparece na casa da duquesa Clermont-Tonnerre, condicionando sua estadia a alguém que busque o remédio em sua casa. E, então, ele envia o camareiro, dando-lhe uma longa descrição da região, da casa. Por último, diz: "O senhor não tem como errar. A única janela no Boulevard Haussmann onde ainda há luz". Tudo, menos o número. Tente conseguir o endereço de um bordel numa cidade estrangeira e após obter as informações mais longas — qualquer coisa, menos a rua e o número da casa — entenderá o que isso significa aqui (e como isto está relacionado ao amor pelo cerimonial em Proust, a sua veneração por Saint-Simon e, não menos importante, ao seu intransigente francesismo). Não é a quintessência da experiência: experenciar como é difícil experenciar muita coisa que aparentemente se deixaria dizer em poucas palavras? Só que tais palavras pertencem a um linguajar de castas e estamentos[14] que não pode ser entendido por estranhos. Não é nenhum milagre que a linguagem secreta dos salões apaixonasse Proust. Mais tarde, quando ele empreendeu a descrição impiedosa do *petit clan*, dos Courvoisier, do *esprit d'Oriane*,[15] ele próprio havia familiarizado-se no contato com os Bibescos[16] com a improvisação de uma linguagem cifrada, à qual nós fomos apresentados nesse meio tempo.

Nos anos de sua vida de salão, Proust desenvolveu não só o vício da bajulação num grau eminente — pode-se dizer: teológico —, mas também o da curiosidade. Em seus lábios havia um reflexo do sorriso que perpassa nos arcos de algumas das catedrais que tanto amava, passando pelos lábios das virgens tolas como fogo alastrado. É o sorriso da curiosidade. Foi a curiosidade que fez dele, no fundo, um parodista tão grandioso? Assim, saberíamos, ao mesmo tempo, o que deveríamos pensar sobre a palavra "parodista" neste lugar. Não muito. Pois mesmo que se faça justiça à sua *malice* abissal, isso ainda passa ao largo do que existe de amargo, selvagem e mordaz nesses relatos fantásticos que ele escreveu no estilo de Balzac, Flaubert, Sainte-Beuve, Henri de Régnier, dos Goncourt, Michelet, Renan e, finalmente, de seu favorito, Saint-Simon, que reuniu no volume *Pastiches et mélanges*. É o

---

14. No original em alemão: *Rotwelsch*. Trata-se de uma espécie de dialeto que mistura alemão e romani, levado à Alemanha por migrantes. [N. T.]

15. O *esprit d'Oriane* é descrito como o principal atrativo do Salão dos Guermantes. Cf. Marcel Proust, *Le Côté de Guermantes*. Paris: Gallimard, 1994, p. 438. [N. O.]

16. Cf. nota 1 de "Proust-Papiere. Documentos sobre Proust", p. 129. [N. O.]

IMAGEM DE PROUST

mimetismo do curioso, que foi o artifício engenhoso dessa série, mas ao mesmo tempo um momento de todo seu processo criativo, no qual a paixão pela vida vegetativa não pode ser levada suficientemente a sério. Ortega y Gasset foi o primeiro a chamar a atenção para a existência vegetativa das personagens de Proust, que estão ligadas de forma tão sustentável ao seu lugar social, determinadas pela posição do sol misericordioso feudal, movido pelo vento que sopra de Guermantes ou Méséglise, entrelaçados um ao outro de maneira impenetrável na densa mata de seus destinos. Desse círculo vital brota, como método do poeta, o mimetismo. Seus conhecimentos mais exatos, mais evidentes, estão pousados sob seus objetos, como insetos sentam-se nas folhas, flores e ramos, e não traem nada de sua existência até que um salto, um bater de asas, um pulo[17] mostram ao observador assustado que aqui uma vida própria, imprevisível, esgueirou-se discretamente num mundo estranho. "A metáfora, por mais inesperada que seja", diz Pierre-Quint, "se apropria estreitamente do pensamento".

O verdadeiro leitor de Proust é continuamente sacudido por pequenos sustos. Quanto ao resto, nas metáforas ele encontra a precipitação do mesmo mimetismo que o surpreendia como uma luta pela existência desse espírito na copa das árvores da sociedade. É preciso dizer uma palavra de quão íntima e frutiferamente esses dois vícios, a curiosidade e a bajulação, permearam-se um ao outro. Uma passagem esclarecedora no livro da duquesa Clermont-Tonnerre diz: "E ao final não podemos esconder: Proust inebriou-se com o estudo dos serviçais. Teria sido

---

17. No original em alemão: *Satz*, que além de "pulo" significa "frase", "sentença". [N. T.]

DIÁRIO PARISIENSE E OUTROS ESCRITOS

porque aqui um elemento que ele não havia encontrado em nenhum outro lugar despertou seu faro detetivesco? Ou ele os invejava por poderem observar melhor os detalhes íntimos das coisas que lhe chamavam mais a atenção? Seja como for, os serviçais em seus vários personagens e tipos, eram sua paixão". Nas sombras estranhas de um Jupien, um Monsieur Aimé, de uma Céleste Albaret, a série deles desenha a forma de uma Françoise, a que com traços rudes e angulosos de Santa Marta parece ter emergido de um livro de orações,[18] para aqueles *grooms* e *chasseurs*[19] que são pagos não pelo trabalho, mas pela ociosidade. E talvez a representação não reivindique o interesse desse conhecedor das cerimônias de modo mais intenso que nestes mais baixos escalões. Quem consegue medir quanta curiosidade de serviçal impregnou a bajulação de Proust, quanta bajulação de serviçal sua curiosidade, e onde essa cópia astuta do papel de serviçal teve seus limites no topo da vida social? Ele a forneceu e não podia fazer de outro modo. Pois, como ele mesmo uma vez revelou, *"voir"* e *"désirer imiter"*[20] eram uma e a mesma coisa para ele. Maurice Barrès expressou essa atitude, por mais soberana e subalterna como foi, com uma das mais distintas palavras já escritas sobre Proust, "Un poète persan dans une loge concierge".[21]

---

18. No original em alemão: *Stundenbuch*, que significa missal ou livro de orações. [N. T.]

19. Termos utilizados no original, relativos à realização de tarefas de atendimento em hotéis, sendo a função de ambos, do *groom* e do *chasseur*, abrir portas aos hóspedes e realizar pequenas compras. [N. T.]

20. Em francês no original: "ver" e "desejar imitar". [N. T.]

21. Em francês no original: "Um poeta persa em um alojamento do porteiro". [N. T.]

IMAGEM DE PROUST

Havia na curiosidade de Proust um toque de detetive. Os dez mil da elite, para ele, um clã de criminosos, uma gangue de conspiradores, com a qual nenhum outro pode se comparar: a Camorra dos consumidores. Ela exclui de seu mundo tudo o que tem participação na produção, exigindo ao menos que essa parte se esconda graciosa e vergonhosamente atrás de um gesto, como os profissionais perfeitos do consumo o exibem. A análise de Proust do esnobismo, que é muito mais importante do que sua apoteose da arte, representa o auge de sua crítica social. Pois a atitude do esnobe não é outra coisa que a observação consequente, organizada e reforçada da existência do ponto de vista quimicamente puro do consumidor. E, por causa dessa encenação fantástica e satânica, tanto a lembrança mais remota das forças produtivas da natureza quanto a mais primitiva devem ser banidas; por isso, para ele, mesmo no amor, a ligação invertida era mais útil do que a normal. Mas o consumidor puro é o explorador puro. Ele o é lógica e teoricamente; ele o é, em Proust, em toda a concretude de sua atual existência histórica. Concreto, porque impenetrável e difícil de aprender. Proust descreve uma classe comprometida em todas as suas partes em camuflar sua base material e, por essa mesma razão, formada em um feudalismo, que, sem significação econômica em si, é tanto mais utilizável como máscara da grande burguesia. Desiludido e impiedoso desmistificador do eu, do amor, da moral, como Proust gostava de ver a si mesmo, torna toda a sua arte ilimitada em véu deste único e mais importante mistério de sua classe: o econômico. Não que ele esteja, com isso, a serviço dela; ele está apenas à frente dela. O que ela vive começa a tornar-se compreensível com ele. Mas muito da grandiosidade desta obra permanecerá inexplorado ou irrevelado até que essa

III

No século passado, em Grenoble — não sei se hoje ainda — havia uma taverna "*Au temps perdu*". Também em Proust somos frequentadores que sob a placa que balança entram pelo umbral atrás do qual a eternidade e a embriaguez nos aguardam. Fernandez distinguiu com razão um *thème de l'éternité* em Proust do *thème du temps*.[22] Mas essa eternidade certamente não é platônica, nem utópica: é inebriante. Se o "tempo desvenda para todo aquele que se aprofunda em seu curso um novo tipo de eternidade, até o momento desconhecida", então o indivíduo não se aproxima dos "campos superiores que um Platão ou um Spinoza alcançaram com um bater de asas". Não, pois há em Proust rudimentos de um idealismo duradouro. Não são eles, porém, que determinam o significado dessa obra. A eternidade na qual Proust abre aspectos é o tempo entrecruzado, não o tempo ilimitado. Seu verdadeiro interesse é direcionado ao curso do tempo em sua forma mais real, que é, no entanto, sua forma entrecruzada, que em nenhum lugar reina de maneira menos dissimulada do que no lembrar, dentro, e no envelhecimento, fora. Seguir o jogo antagônico do envelhecimento e do lembrar significa entrar no coração do mundo de Proust, o universo do entrecruzamento. O mundo está em estado de semelhança e nele reinam as "correspondências", que foram capturadas primeiro pelo romantismo, e de maneira mais íntima por Baudelaire, mas que Proust (como o único) conseguiu tra-

---

22. Em francês no original: "um tema da eternidade" e "um tema do tempo". [N. T.]

IMAGEM DE PROUST

zer à luz em nossa vida vivida. Esta é a obra da *mémoire involontaire*, da força rejuvenescente que se encontra à altura do envelhecimento implacável. Onde o ocorrido reflete-se no "instante" ainda fresco de orvalho, um doloroso choque de rejuvenescimento o reúne mais uma vez tão inexoravelmente quanto a direção de Guermantes entrecruzou-se com a direção de Swann para Proust, quando ele (no décimo terceiro volume) uma última vez vagueia pela região de Combray e descobre o cruzamento dos caminhos. E instantaneamente a paisagem muda como um vento. "*Ah! Que le monde est grand à la clarté des lampes! — Aux yeux du souvenir que le monde est petit!*"[23] Proust conseguiu algo monstruoso, em um instante, deixar envelhecer o mundo inteiro em torno de uma vida humana inteira. Mas justamente essa concentração na qual o que de outra forma só murcha e obscurece, consome-se como em um relâmpago, isso se chama rejuvenescimento. *À la recherche du temps perdu* é a tentativa incessante de carregar uma vida com a mais alta presença de espírito. Não é a reflexão, mas o tornar presente, o método de Proust. Ele está de fato convencido da verdade, que nós não temos tempo de viver os verdadeiros dramas da existência que nos são destinados. Isso nos faz envelhecer. Nada mais. As rugas e pregas no rosto são as inscrições das grandes paixões, dos vícios, dos aprendizados que vieram nos visitar, mas nós, os patrões, não estávamos em casa.

Dificilmente houve uma tentativa mais radical de autoimersão desde os exercícios espirituais de Loyola na literatura ocidental. Essa também tem, em seu meio, uma

---

23. Em francês no original: "Ah! Como o mundo é grande na claridade das lâmpadas! Como o mundo é pequeno aos olhos da lembrança" ("Le Voyage", *Les fleurs du mal*, de Charles Baudelaire). [N. T.]

solidão que, com a força de Maelstrom,[24] suga o mundo em seu turbilhão. E a tagarelice excessivamente alta e, para além de qualquer conceito, vazia que ruge dos romances de Proust em nossa direção é o bramido com o qual a sociedade tomba no abismo dessa solidão. As investidas de Proust contra a amizade têm seu lugar aqui. O silêncio no fundo desse funil — seus olhos são os mais quietos e sugadores — quis ser mantido. O que aparece tão irritante e caprichoso em tantas anedotas é a relação de uma intensidade sem precedentes de conversa com uma distância insuperável do parceiro. Nunca houve alguém que pôde nos mostrar as coisas como ele. O apontar de seu dedo é inigualável. Mas há outro gesto na companhia amigável, na conversação: o toque. Este gesto não é mais estranho a ninguém do que a Proust. Ele também não pode tocar seu leitor, não o poderia por nada nesse mundo. Se alguém quisesse organizar a poesia em torno desses polos — a que aponta e a que toca — o centro de uma seria a obra de Proust, o da outra seria a de Péguy.[25] No fundo é isso que Fernandez entendeu brilhantemente: "A profundidade, ou melhor, a penetração, está sempre ao lado dele, nunca ao lado do parceiro". Com um toque de cinismo e virtuosamente, isso vem à luz em sua crítica literária. Seu documento mais importante é um ensaio escrito na elevada altura da fama e na baixa altura do leito de morte: "À propos de Baudelaire".[26] Jesuiticamente em acordo com seu próprio sofrimento, excessivo na tagarelice daquele que repousa, assustador na indiferença do moribundo, que quer falar aqui mais uma vez ainda e não

---

24. *Maelstrom* é o nome próprio de um tipo de corrente muito forte nos países escandinavos. [N. T.]

25. Trata-se do escritor francês Charles Péguy. [N. O.]

26. Em francês no original: "A propósito de Baudelaire". [N. T.]

IMAGEM DE PROUST

importa sobre o que. O que o inspirou aqui diante da morte também o determina ao lidar com os contemporâneos: uma alternância tão dura e golpeadora de sarcasmo e ternura, ternura e sarcasmo, que seu objeto, esgotado sob isso, ameaça colapsar.

O provocativo, o instável do homem diz ainda respeito ao leitor das obras. Basta para pensar na cadeia imprevisível de *soit que*,[27] mostrando uma ação de forma exaustiva e deprimente, à luz da miríade de motivos incontáveis que podem tê-la sustentado. E mesmo assim, nessa fuga paratática, na qual fraqueza e genialidade em Proust são apenas uma coisa só, vem à luz: a renúncia intelectual, o ceticismo comprovado que ele teve com as coisas. Depois das interioridades presunçosas e românticas, ele veio, como Jacques Rivière o expressa, decidido a não dar a menor fé às *Sirènes intérieures*.[28] "Proust aproxima da vivência sem o menor interesse metafísico, sem a menor inclinação construtivista, sem a menor tendência ao consolo." Nada é mais verdadeiro. E assim é a figura básica desta obra, da qual Proust não se cansou de reivindicar o que foi planejado, nada menos do que construído. Planejada, no entanto, ela é como o curso de nossas linhas da mão ou o arranjo dos estames no cálice. Proust, esta criança anciã, deixou-se cair, profundamente cansado, de volta no seio da natureza, não para sugá-lo, mas para sonhar com seu batimento cardíaco. Deve-se vê-lo tão fraco e compreender com qual felicidade Jacques Rivière podia entendê-lo a partir de sua fraqueza e dizer: "Marcel Proust morreu da mesma inexperiência que lhe permitiu escrever sua obra. Ele morreu de alheamento do mundo

---

27. Em francês no original: seja que. [N. T.]
28. Em francês no original: sereias interiores. [N. T.]

e porque ele não soube mudar as condições de vida, que haviam se tornado devastadoras para ele. Ele morreu porque não sabia como fazer fogo, como abrir uma janela". E, claro, de sua asma nervosa.

Os médicos sentiam-se impotentes para enfrentar esse sofrimento, bem diferente do poeta que o colocou a seu serviço de modo muito planejado. Ele foi — para começar com o mais superficial — um perfeito diretor de sua doença. Por meses, ele combina com ironia devastadora a imagem de um devoto que lhe enviara flores, com um cheiro insuportável para ele. E com os tempos e marés de seu sofrimento, ele alarmou amigos que temiam e ansiavam pelo momento, quando o poeta aparecia repentinamente, muito após a meia-noite, no salão — *brisé de fatigue*,[29] e apenas por cinco minutos, como declarava, para depois ficar até o amanhecer acinzentado, cansado demais para se levantar, cansado demais até para interromper o discurso. Mesmo o escritor de cartas não encontra fim para extrair desse sofrimento os efeitos mais remotos. "O chiado de minha respiração é mais alto do que minha pena e do que um banho que alguém prepara no andar abaixo de mim". Mas não só isso. Nem que a doença o tenha arrancado da existência mundana. Essa asma entrou em sua arte, se não foi sua arte que a criou. Sua sintaxe reproduz ritmicamente passo a passo esse seu medo de sufocamento. E sua reflexão irônica, filosófica e didática é sempre a tomada de fôlego, com o qual o pesadelo de lembranças aliviam seu coração. Em uma escala maior, é porém a morte, que ele constantemente, e principalmente quando escrevia, tinha presente a crise ameaçadora e sufocante. Ela estava, pois, diante de Proust e muito antes

---

29. Em francês no original: morto de cansaço. [N. T.]

IMAGEM DE PROUST

de seu sofrimento se tornar-se crítico. No entanto, não como um pensamento esquisito hipocondríaco, mas como aquela *"réalité nouvelle"*,[30] a nova realidade, da qual o reflexo sobre as coisas e sobre as pessoas são os traços do envelhecimento. A estilística fisiológica levaria ao núcleo dessa obra. Portanto, ninguém que conheça a tenacidade particular, com a qual lembranças são guardadas no sentido do olfato (de forma alguma odores na lembrança!), poderá declarar como um acaso a sensibilidade de Proust aos odores. Certamente, a maioria das lembranças pelas quais procuramos aparecem como imagens visuais à nossa frente. E também as formações da *mémoire involontaire* que ascendem livremente ainda são imagens visuais em boa parte isoladas, apenas enigmaticamente presentes. Mas, por isso mesmo, para entregarmos-nos conscientemente à mais íntima vibração dessa poesia, é preciso colocarmo-nos em uma camada especial e mais profunda dessa rememoração involuntária, na qual os momentos de lembrança dão-nos notícia de um todo, não mais individualmente como imagens, mas sem imagem e sem forma, indefinido e pesado, como o peso da rede dá ao pescador notícia de sua captura. O odor: esse é o sentido de peso daquele que lança suas redes no mar do *temps perdu*. E suas frases são todo o jogo muscular do corpo inteligível, contendo todo o esforço indescritível para içar essa captura.

Além do mais, quão íntima era a simbiose desse processo de criação particular e desse sofrimento em particular, mostra-se de maneira nítida no fato de que em Proust nunca irrompe aquele heroico apesar de tudo, com o qual, no mais, pessoas criativas levantam-se contra o

---

30. Em francês no original: "nova realidade". [N. T.]

sofrimento. E, portanto, por outro lado, pode-se dizer: uma cumplicidade tão profunda com o curso do mundo e a existência como foi aquela de Proust, deveria inequivocamente ter levado a uma suficiência comum e inerte em qualquer outra base a não ser esse sofrimento tão profundo e incessante. Mas esse sofrimento estava destinado a deixar-se mostrar, por um furor sem desejo e sem arrependimento, seu lugar no grande processo da obra. Pela segunda vez, ergueu-se um andaime como o de Michelangelo, no qual o artista, com a cabeça inclinada, pintou a criação no teto da Capela Sistina: o leito de enfermo, no qual Marcel Proust dedicou as inúmeras páginas, que cobriu no ar com sua letra manuscrita, à criação de seu microcosmo.

Proust-Papiere
Documentos sobre Proust

MATERIAIS PREPARATÓRIOS
DO ENSAIO SOBRE PROUST

{Em conexão com o relacionamento íntimo de Proust com os Bibescos, sua linguagem secreta,[1] a ineficiência de sua correspondência através de cartas. A atitude de Proust diante da sociedade mundana era de uma atenção detetivesca e de curiosidade. Ela era para ele um clã de crimino-

---

*. "Proust-Papiere", in GS II-3, p. 1048–1065. Tradução de Carla Milani Damião. Documentos, anotações ou materiais sobre o ensaio "Imagem de Proust". Segundo os editores alemães (GS II-3, p. 1047), a maior parte desses documentos foi encontrada num envelope, no dorso do qual se lia: "Proust-Papiere". Os textos foram editados na ordem em que se encontravam, contendo algumas repetições, correções e reescritas de trechos. Importante observar que nesse agrupamento de textos é notável perceber que os editores mantiveram, dos manuscritos, inúmeras exclusões de trechos riscados pelo próprio Benjamin. O uso de chaves {} sinaliza quais são os trechos. Ao final de cada manuscrito, a sigla "Ms" indica o número do manuscrito no arquivo de origem, à época dessa edição: Benjamin-Archiv Theodor Adorno, sediado em Frankfurt a. m., atualmente no Walter Benjamin-Archiv, Akademie der Künste, em Berlim. Há também o uso de colchetes [] para eventuais comentários dos editores relativos a irregularidades nos textos. [N. O.]

1. A linguagem secreta refere-se, por exemplo, ao uso de palíndromos com os nomes próprios: Marcel era Lecram e os Bibescos eram Ocsebib. Proust era próximo do príncipe Antoine Bibesco, que lhe teria servido de modelo para a personagem Robert de Saint-Loup.

sos, organização de conspiradores, com a qual nenhuma outra poderia comparar-se. Ela era, para ele, a Camorra dos consumidores. Ela exclui do seu mundo tudo o que tem participação na produção, exige pelo menos que essa participação se esconda vergonhosa e graciosamente atrás do gesticular que os perfeitos *professionels*[2] do consumo o exibem. O estudo do esnobismo deveria ganhar, para Proust, um significado incomparável, porque essa atitude não significa nada a não ser a observação consequente, organizada, reforçada da existência do ponto de vista quimicamente puro do consumidor. E, por causa dessa encenação fantástica e satânica, tanto a mais remota quanto a mais primitiva lembrança das forças produtivas da natureza deveriam ser banidam; por isso, para ele, até no amor as ligações pervertidas[3] eram mais úteis do que as normais. Em algum lugar da obra, quando ele está prestes a evocar particularmente de modo intenso o mundo de Sodoma e Gomorra, ele declara, mais tarde, querer falar sobre a necessidade da qual ele capturou justamente este assunto. Um programa que ele, naturalmente, nunca cumpriu. Porque explicar-se justamente nesse lugar teria significado, para ele, em retirar a própria obra de seus batentes. Sodoma e Gomorra são, de fato, os parafusos da dobradiça com os quais a porta para o inferno da existência puramente de zangão, de gozo absoluto está, em seus batentes, fixada. Certamente um inferno: porque isso é o último resultado para análise irreverente dos prazeres, que sua *œuvre*[4] executa: o gozo absoluto, quimicamente

---

2. Em francês no original: profissionais. [N. T.]

3. No ensaio "Imagem de Proust", a expressão "ligações pervertidas" (*die pervertierten Bindungen*) é substituída por "ligação invertida" (*die invertierte Bindung*). [N. O.]

4. Em francês no original: obra. [N. T.]

puro da existência é uma conexão extraordinariamente fugaz de sofrimento, dor, humilhação e doença, e seu aroma é decepção.}

{Proust não se cansou do treinamento que o contato nesse círculo mundano de criminosos exigia. De fato, ele praticou o tempo todo, sem ter que violar muito sua natureza, para torná-la tão flexível, engenhosa e impermeável como ele haveria de se tornar em razão de sua tarefa. Mais tarde, a mistificação, a cerimoniosidade, tornaram-se um elemento de sua própria natureza, que suas cartas às vezes se tornam um sistema inteiro de parênteses e não apenas em sentido gramatical: cartas que de maneira infinitamente espirituosa e versátil revelam mesmo assim um certo parentesco com um esquema antigo: "Muito honrada senhora! Acabo de perceber que ontem esqueci minha bengala em sua casa, peço a senhora que a entregue ao portador dessa mensagem. P.S.: Perdoe o incômodo desajeitado. Acabei de encontrá-la". Quão inventivo era ele em apuros: certa vez ele apareceu tarde da noite na casa da duquesa Clermont-Tonnerre. Ele condiciona sua permanência se alguém trouxesse seus medicamentos de casa. E, então, ele envia o camareiro e dá uma longa descrição da região da casa e por último: "O senhor não tem como errar, a única janela no Boulevard Haussmann onde ainda há luz". Tudo, menos o número. Tente conseguir o endereço de um bordel numa cidade estrangeira e — uma vez que tenha recebido as informações mais longas — menos a rua e número da casa, então entenderá de que se fala aqui [acrescentado posteriormente]:[5] e como isso está conectado por seu amor pelo cerimonial. Sua veneração por

---

5. Observação dos editores alemães Tiedemann e Schweppenhäuser, GS II-3, p. 1049. [N. O.]

Saint-Simon, e não por último, seu "francesismo".[6] (A observação reveladora é da duquesa Cl[ermont-Tonnerre], de que na obra de Proust não existe nenhum único estrangeiro [fim do acréscimo]. É preciso deixar passar muita água embaixo da ponte até que se perceba o quão difícil é experenciar tanta coisa que aparentemente se deveria compartilhar em algumas poucas palavras. Pode ser isso mesmo, só que essas palavras fazem parte de um vocabulário secreto determinado por castas e reduzidas situações e não pode ser entendido por quem está de fora.}

{As investidas de Proust contra a amizade devem ser basicamente entendidas da seguinte forma: o que lhe parece ser o preço da existência, como a essência do prazer, é algo que pode ser bem comunicado, mas não compartilhado no sentido vital. Refere-se totalmente à solidão e, assim, apresenta o contraste fundamental com os prazeres e alegrias que provêm da esfera produtiva. O que aparece tão irritante e caprichoso em tantas anedotas é a combinação de uma intensidade sem precedentes de conversa com uma distância intransponível do parceiro. Por um momento, vamos imaginar a felicidade de caminhar ao lado do poeta, ser seu acompanhante num passeio. Então aprenderemos: nunca houve alguém que pudesse nos mostrar as coisas como ele fazia. O apontar de seu dedo é inigualável. Mas há um outro gesto no caminhar amigavelmente juntos e na conversação: o toque. Este gesto não é mais estranho a ninguém do que a Proust. Ele também não pode tocar seu leitor, não o poderia por nada nesse mundo. Se alguém quiser colocar as coisas nesta escala — entre os que apontam e os que tocam — então Proust ficaria em um extremo, e no outro extremo ficaria Péguy. No

---

6. No original em alemão: *Franzosentume*. [N. T.]

PROUST-PAPIERE

fundo, é isso o que Ramón Fernandez entendeu brilhantemente (também isso é um contraste extremo com Péguy:
"*La profondeur, ou plutôt l'imensité, est toujours du côté de
lui-même, non du côté d'autrui*"[7]). Além dessa felicidade
embriagante do mostrar, da magia das imagens, não há em
Proust espaço para a felicidade física, para a embriaguez
puramente física. Ele é, entre os grandes escritores épicos,
um dos poucos que não conseguem fazer com que seus
heróis comam. Marcel Brion fez, quando nós falávamos,
um comentário espirituoso, ao dizer que isso acontece
porque não existem prazeres realmente perversos à mesa
e Proust não tinha as características de Huysmans, que
encontrou prazer na descrição de alimentos ruins. Em
tais observações lúdicas, no entanto, tilintam as chaves
das câmaras mais secretas da obra.}

Cópia do original: Arquivo Benjamin,
Ms 428, GS II-3, p. 1048–1050.

{Mas, para concluir esta série de críticos e apresenta-
dores de Proust com Proust mesmo, como apresentador e
crítico, devemos falar brevemente daquilo que o ocupou
ao lado de sua obra principal, como *chroniqueur*, como
jornalista, como crítico, mas sempre como o gênio que
era. Então, especialmente dos *Pastiches et mélanges* e da
antologia póstuma *Chroniques*. Até que ponto essas duas
funções — de cronista e crítico — foram capazes nele de
permear-se mutuamente, o que mostra a primeira das
duas obras de modo mais surpreendente. Um caso crimi-
nal qualquer, do início deste século, forneceu-lhe o motivo para uma série de nove capítulos, que foi tratada res-

---

7. Em francês no original: "A profundidade, ou melhor, a imensidão,
está sempre do lado de si mesmo, não do lado de outrem". [N. T.]

pectivamente no estilo de Balzac, Flaubert, Sainte-Beuve, Henri de Régnier, dos Goncourt, de Michelet, Faguet, Renan e, finalmente, no estilo de seu favorito: Saint-Simon. Não seria suficiente falar aqui de maestria da observação. É graça obtida do ser atingido, um abalo tão profundo e instantâneo como um raio através de um corpo de linguagem, que a crítica, em resposta a ele, aparece com força criativa na forma de uma paródia. A capacidade mimética e a crítica não podem mais ser separadas aqui. Assim podemos ao menos dizer. Mas nós não queremos por isso negligenciar outros olhares talvez mais notáveis para este fenomenal desempenho artístico.}

{Proust desenvolveu não só o vício da bajulação num grau eminente — pode-se dizer teológico —, mas também o da curiosidade. Em seus lábios havia um reflexo do sorriso que perpassa nos arcos de algumas das catedrais que tanto amava, passando pelos lábios das virgens tolas como fogo alastrado. É o sorriso da curiosidade. Foi a curiosidade que fez dele, no fundo, um parodista tão grandioso? Assim saberíamos, ao mesmo tempo, o que deveríamos pensar sobre a palavra "parodista" neste lugar. Não muito. Pois mesmo que se faça justiça à sua *malice* abissal, isso ainda passa ao largo do que existe de amargo, selvagem e mordaz nesses relatos. É o mimetismo do curioso, que foi o artifício engenhoso dessa série, mas ao mesmo tempo um momento de todo o seu processo criativo. Em Proust, a paixão pela flora — ou melhor, pela vida vegetativa — não pode ser levada suficientemente a sério. Em seu perímetro está o mimetismo, e, como muitos outros [lados?][8] dessa esfera de vida, é extremamente típico para o pro-

---

8. Observação dos editores alemães Tiedemann e Schweppenhäuser, GS II-3, p. 1051. [N. O.]

cedimento de Proust. Seus conhecimentos mais exatos, mais evidentes, estão pousados sob seus objetos como insetos nas folhas, brotos e ramos, e não traem nada de sua existência, até que um salto, um bater de asas, um pulo mostrem ao observador assustado que aqui uma vida própria, imprevisível, esgueirou-se discretamente num mundo estranho. O verdadeiro leitor de Proust é continuamente sacudido por pequenos sustos. Ele encontra aqui, nessas paródias como um jogo com "estilos", aquilo que já o afetou de modo completamente diferente como uma luta pela existência desse espírito na cobertura de folhagem da sociedade.

A paródia tem valor catártico. "Quando terminamos um livro, nós queremos não apenas viver mais tempo com suas personagens, Madame de Beauséant ou Frédéric Moreau, mas até mesmo nossa voz interior quer continuar a falar em sua linguagem, visto já ter sido disciplinada ao longo da leitura no ritmo de um Balzac, um Flaubert. Então devemos nos submeter a ela por um momento e, para que o tom reverbere, pisar no pedal; ou seja, nada mais do que imitar intencionalmente para depois voltar a sermos originais de novo e não imitarmos despropositadamente pelo resto de nossas vidas". É o que diz o ensaio *À propos du style de Flaubert*[9] que se encontra em *Chroniques* junto com outras críticas literárias, glosas sobre os salões parisienses, descrições de paisagens rurais (ambos são estudos preliminares para as cenas da obra de sua vida).}

Certamente Proust poderia ter completado com o desempenho sintético de suas *Pastiches*, como ele o fez no caso de Flaubert. Mas, para esse grande crítico, a forma da crítica e também os objetos da literatura ficavam na

---

9. Em francês no original: *Sobre o estilo de Flaubert*. [N. T.]

DIÁRIO PARISIENSE E OUTROS ESCRITOS

última fileira. Caso contrário, não teríamos ficado confinados a suas observações sobre Ruskin, Flaubert, Baudelaire, algumas páginas sobre a condessa de Noailles e pouco mais. *Non multa sed multum.*[10] Assim, não temos — para permanecer um pouco mais no ensaio sobre Flaubert —, em nenhum ensaio literário de observância materialista histórica, um comentário tão profundo, que anuncia tanto o método, como na apresentação de partes de frases de Flaubert "como materiais pesados que suas frases erguem, em ritmo intermitente de escavadora, para, em seguida, deixá-los cair de novo". Aliás, este trabalho crítico oferece intencionalmente conclusões determinantes sobre o próprio trabalho de Proust, especialmente no que diz respeito ao tratamento dos tempos. Aqui se aprende que é uma lacuna (*un blanc*) o trecho que Proust mais admira em toda *L'Éducation sentimentale.* Teria sido porque ele reconheceu nela o espaço de sua futura obra? {Proust não era mais um desconhecido quando escreveu isso. Um ano e meio depois, *À propos de Baudelaire*, escrito na elevada altura da fama e na baixa altura do leito de morte, cai de modo surpreendente, e certamente também de modo maravilhoso, em seu acordo maçônico, no sofrimento, nas suas *défaillances de la mémoire,*[11] com a tagarelice daquele que repousa, com o *détachement*[12] em relação ao tema levado ao extremo daquele que quer falar mais uma vez ainda, não importa sobre o quê. E como esta exaustão é entretecida em tudo que o Proust saudável teve de mais maligno, de mais astuto. Aqui aparece — frente ao Baudelaire morto — uma atitude que determinou a economia de

---

10. Em latim no original: "Não muitos, mas o bastante". [N. T.]

11. Em francês no original: falhas de memória. [N. T.]

12. Em francês no original: desprendimento. [N. T.]

PROUST-PAPIERE

Proust também no tato com seus contemporâneos: uma ternura tão exuberante, adivinhatória, que o revés ao sarcasmo aparecia como um reflexo inevitável da exaustão e, aparentemente, mal podendo ser atribuído moralmente ao próprio poeta.} [Léon Pierre-]Quint [*Marcel Proust. Sa vie, son œuvre*, Paris, 1925] p. 113.

Cópia do original: Arquivo Benjamin,
Ms 429 r, GS II-3, p. 1050–1052.

{Este *Baudelaire* foi sua última publicação. No ano de sua escrita, em 1922, ele morreu de asma nervosa logo após a conclusão da obra principal. Os médicos sentiam-se impotentes diante desse sofrimento ao longo de sua vida, bem diferente do poeta que parece ter usado a doença a seu serviço de modo muito planejado. Ele foi — para começar com o mais superficial — um verdadeiro diretor de sua doença. Por meses, ele combina, com ironia devastadora, a imagem de um devoto que lhe enviara flores, com um cheiro insuportável para ele. Alerta os amigos com os tempos e pausas de seu sofrimento como um czar alertava os boiardos;[13] e ansiado e temido pelos amigos era o momento quando o poeta, de repente, muito depois da meia-noite, aparecia em um salão — *brisé de fatigue*[14] — e só por cinco minutos, como declarava, para depois permanecer até o amanhecer acinzentado, cansado demais para levantar-se, cansado demais até para interromper seu discurso. O autor de cartas é incansável e não encontra fim em extrair desse sofrimento os efeitos mais impensáveis.

---

13. Boiardo era o título atribuído aos membros da aristocracia russa do século X ao XVII; tratava-se de classe social dominante, de proprietários de terra, na qual trabalhavam os mujiques. [N. O.]

14. Em francês no original: morto de cansaço. [N. T.]

DIÁRIO PARISIENSE E OUTROS ESCRITOS

"O chiado de meu respirar soa mais alto do que minha pena e do que um banho que alguém prepara no andar abaixo de mim[.''] Mas não só isso. Nem mesmo que a doença o tenha arrancado da existência mundana. Não, essa asma entrou em sua arte, se não foi a sua arte que a criou. Sua sintaxe reproduz ritmicamente, passo a passo, esse medo de sufocamento. Assim podem ser interpretados especialmente aqueles traços que Leo Spitzer [*Stilstudien*, Vol. 2, Munique, 1928, p. 365–497] destacou como "elementos retardatários" em um estudo digno de ser lido sobre a linguagem em Proust. E sua reflexão irônica, filosófica, didática é sempre a tomada de fôlego com o qual o pesadelo da lembrança alivia seu coração. Em uma escala maior, é, porém, a morte, sempre presente em seus últimos anos e justamente no trabalho, a última crise asmática sufocante. A estilística fisiológica levaria ao âmago dessa obra. [(][15] Ninguém, portanto, que conheça a tenacidade particular com a qual lembranças são guardadas no sentido do olfato, poderá declarar como um acaso a hipersensibilidade de Proust aos odores. Certamente, a maioria das lembranças pelas quais procuramos aparece como imagens visuais à nossa frente. E mesmo as formações da *mémoire involontaire* que ascendem livremente ainda são imagens visuais em boa parte isoladas, apenas enigmaticamente presentes. Por isso, para nos entregarmos conscientemente a esse movimento mais íntimo da linguagem deste poeta, precisamos aproximar de nós mesmos uma camada especial e mais profunda desta rememoração involuntária,[16] na qual os momentos de lembrança[17] nos dão notícia não mais

---

15. Parêntese aberto e não fechado por Benjamin ou pelos editores Tiedemann e Schweppenhäuser, GS II-3, p. 1053. [N. T.]

16. No original em alemão: *unwillkürlichen Eingedenkens*. [N. T.]

17. No original em alemão: *Erinnerung*. [N. T.]

individualmente como imagens, mas sem imagens e sem forma,} indeterminada e pesadamente de um todo, assim como o peso da rede dá ao pescador notícia de sua captura. O odor: esse é o sentido de peso do que no ocorrido [sic][18] do pescador no mar do *Temps perdu*. E essas frases são todo o jogo muscular do corpo inteligível, contendo todo seu indescritível esforço para içar essa captura. {O quão íntima e profunda era a simbiose desse processo particular de criação e deste sofrimento particular, mostra-se além disso no fato de que nunca em Proust se esbarra naquele heroico "apesar de tudo",[19] com o qual em outros casos pessoas criativas levantam-se contra seu sofrimento. E, portanto, por outro lado, pode-se dizer: uma cumplicidade tão profunda com o mundo, como era a de Proust, teria inequivocamente que desembocar em uma suficiência comum e inerte em qualquer outra base, a não ser na de um sofrimento tão profundo e tão incessante}. Não existe, pois, um sofrimento tão revoltante do indivíduo, nem mesmo uma injustiça social tão gritante, no caminho da qual essa obra colocaria um "apesar de tudo" ou um "não"? Ao contrário: uma concordância apaixonada da existência, até mesmo em sua forma mais triste e bestial; e, inseparável disso, um olhar que no curso das coisas mundanas encontra uma justiça que nenhum céu seria capaz de superar. É apenas em tal arco de justiça tão dolorosamente estendido que a compaixão de Proust recai sobre as pessoas de seu *temps perdu* e o mecanismo histérico que atravessa esse arco, ocasionalmente, fazia com

---

18. No original, a frase está incompleta, dificultando a compreensão. Verificar a imagem completa em "Imagem de Proust". [N. T.]

19. No original em alemão: *Dennoch*. [N. T.]

DIÁRIO PARISIENSE E OUTROS ESCRITOS

que ele caísse em uma gargalhada estridente e frenética ao ler os manuscritos.

{Marx mostrou como a consciência de classe da burguesia, no auge de seu desenvolvimento, entra numa contradição inextricável consigo mesma. A esta observação, alinha-se György Lukács [cf. *História e consciência de classe*, Berlim, 1923, p. 737], quando ele diz: "Esta posição da burguesia reflete-se historicamente no fato de que ela não derrotou ainda seu antecessor, o feudalismo, quando o novo inimigo, o proletariado, já aparecia". Mas o surgimento do proletariado também muda a posição estratégica na frente de batalha contra o feudalismo. A burguesia tem que procurar um acordo a qualquer custo para encontrar proteção nas posições do feudalismo, menos do proletariado que está avançando do que da voz de sua própria consciência de classe. Essa é a posição da obra de Proust. Seus problemas decorrem de uma sociedade saturada, mas as respostas às quais ele chega são subversivas.}

Cópia do original: Arquivo Walter Benjamin,
Ms 430, GS II-3, p. 1052–1054.

{Pode-se dizer: uma cumplicidade tão profunda com o mundo deveria ter resultado inequivocamente em uma suficiência comum e inerte, em qualquer outra base, a não ser na de um sofrimento tão profundo e incessante. Não existe, pois, um sofrimento tão revoltado do ser humano individual, nem uma injustiça social tão gritante, à qual Proust não contrapôs um simples irascível "não", ou um corajoso "apesar de tudo"? Ao contrário: encontramos em todos os lugares uma profunda concordância com a vida, mesmo em sua forma mais bestial e triste; e, inseparável disso, uma análise que no curso da justiça mudana encontra uma perfeição na qual nenhuma justiça celeste poderia superá-la. Apenas nesse arco tão dolorosa e amplamente estendido da justiça, a compaixão de Proust deixa-se descer sobre as pessoas de seu *temps perdu* e o mecanismo histérico que, ocasionalmente, quando ele lia seus manuscritos, fazia com que ele caísse em uma gargalhada estridente e frenética, é uma expressão disso [Formulação variada: atravessa este arco][20].}

{Alguém deve ter passado por muitas experiências e ter deixado muito vento passar pelas narinas[21] para entender aos poucos quão dificilmente tanta coisa pode ser experimentada que, mesmo assim, deixar-se-ia aparentemente comunicar em poucas palavras. E assim também pode ser, só que estas palavras muitas vezes pertencem a um vocabulário secreto, determinado de acordo com a casta e a categoria e não são compreensíveis para quem está de fora. Procure encontrar o endereço de um bordel em uma cidade desconhecida, e após obter a informação mais longa (qualquer coisa, exceto o nome da rua e o número da casa), então entenderá o que isso significa. Chegar a saber algo inteligível sobre aquilo que acontece em países estrangeiros, em clubes políticos, em sociedades religiosas, não é mais fácil.

Para Proust, a sociedade era uma corporação dessas. Sua linguagem secreta com os Bibescos. Seu misticismo da homossexualidade. Sua veneração pelo cerimonial e por Saint-Simon.}

No livro de Spitzer, aparece uma dependência um pouco embaraçosa e uma falta de pensamentos próprios.

---

20. Observação dos editores Tiedemann e Schweppenhäuser, GS II-3, p. 1054, 1º§. [N. T.]

21. A expressão *"sich Wind um die Nase wehen lassen"* equivale a "conhecer o mundo e a vida", o que se relaciona ao sentido de experiência da frase. [N. T.]

DIÁRIO PARISIENSE E OUTROS ESCRITOS

É claro que é totalmente absurdo procurar paralelos entre Proust e o expressionismo. Especialmente como Spitzer procura comparar a disparidade das coisas, dos motivos, dos estados que ele elenca em suas enumerações, com a individualização "acentuada", "falada[?]" do expressionismo.

O trabalho e a meticulosidade das referências não são proporcionais aos resultados muito brutos e gerais. As exceções são, acima de tudo, as passagens sobre o conjuntivo, o *a c i* [sic]. Aqui é importante a referência ao tremor da estrutura da frase por esta forma e também a iluminação de seu caráter arcaico.

Em quase todos os lugares nos faz falta a justificação das características linguísticas do verdadeiro centro dessa obra. Pois isso não é de modo algum "psicologia", mas a lembrança,[22] o martírio da rememoração.[23]

Cópia do original: Arquivo Walter Benjamin,
Ms 432, GS II-3, p. 1054–1055.

{É bastante surpreendente e, claro, muito maravilhoso como esse ensaio sobre Baudelaire foi escrito a partir do leito de enfermo. Com este acordo maçônico no sofrimento, estas *défaillances de la mémoire*,[24] esta tagarelice do que é *dormant*,[25] com esse *détachement*[26] do tema levado ao extremo, que tem alguém que só quer falar mais uma vez, não importa sobre o quê. E como esta exaustão é entretecida com tudo o que o saudável Proust teve

---

22. No original em alemão: *Erinnerung.* [N. T.]
23. No original em alemão: *Eingendenken.* [N. T.]
24. Em francês no original: falhas da memória. [N. T.]
25. Em francês no original: repousa. [N. T.]
26. Em francês no original: desprendimento. [N. T.]

142

de mais maligno, astuto, aparece aqui — frente ao Baudelaire morto — uma atitude que determinou a economia de Proust também no trato com seus contemporâneos: uma ternura tão exuberante e divinatória que o revés ao sarcasmo aparece como um reflexo inevitável da exaustão e — aparentemente — mal podendo ser moralmente atribuído ao poeta mesmo.}

{O que aparece em tantas anedotas como algo caprichoso, irritante, é a conexão de intensidade tão incomparável da conversa com uma distância intransponível do parceiro para o qual ele se dirige. Por um momento, vamos imaginar a felicidade de caminhar ao lado do poeta, ser seu acompanhante num passeio. Então aprenderemos: nunca houve alguém que pudesse nos mostrar as coisas como ele o fez. O apontar de seu dedo é inigualável. Mas há um outro gesto no caminhar amigavelmente junto e na conversação: o toque. Não há autor para o qual este gesto seja mais distante do que em Proust. Ele não poderia tocar seu leitor, por nada no mundo. Se alguém quiser ordenar os poetas nessa escala — entre aqueles que apontam e os que tocam —, então Proust ficaria num extremo, e no outro extremo, Péguy. *Contra a amizade.*}

{Mas essa tagarelice — se se quiser realmente dizer assim — é apenas reflexo de um caráter mais profundo, constitutivo de sua obra. Seu editor, Gallimard, relatou a maneira pela qual Proust costumava tratar as provas do livro, que levava os editores ao desespero. Elas voltavam cheias de anotações. Mas nem um único erro ortográfico havia sido eliminado; todo o espaço disponível era preenchido com textos novos. Se Proust era tagarela dessa maneira, então apenas uma lei de seu próprio mundo é revelada. Isto é: lembrança.[27] A lembrança, no entanto, não é, em princípio, passível de ser concluída. Um acontecimento vivido é finito, limitado; um acontecimento lembrado é ilimitado.}

{Os médicos sentiam-se impotentes diante dessa "asma nervosa". Ao contrário, o poeta parece tê-la colocado de modo planejado a seu serviço. Não é apenas isso, que a doença o tenha arrancado da existência mundana. Não, essa asma entrou em sua arte, ou foi sua arte que a criou. Sua sintaxe reproduz ritmicamente, passo a passo, esse medo do sufocamento. E sua reflexão irônica, filosófica, didática é sempre o desafogo que faz com que o pesadelo de lembranças desintegre-se em seu peito. Uma estilística fisiológica levaria ao centro desse processo criativo. Assim, ninguém que conheça a tenacidade especial com a qual as lembranças são guardadas no sentido do olfato, poderá considerar coincidência as idiossincrasias osmológicas[28] de Proust). Quão íntima era a simbiose desse processo de criação particular e desse sofrimento particular, comprova-se talvez também no fato de nele, em Proust, nunca se encontrar aquele heroico "apesar de tudo", com o qual em outros casos pessoas criativas levantam-se contra seu sofrimento.

Proust lamenta. Mas não é, no fundo, o lamento que ele levanta no trabalho de servil de sua obra?}

Sobre o prazer de ler extratos de Proust antologicamente como elas estão escritas em Spitzer. Antologia de Proust.

---

27. No original em alemão: *Erinnerung*. [N. T.]

28. Osmologia ou, no original, *Osphrasiologie* (adjetivado: *osphrasilogisch*) corresponde à doutrina ou ciência que investiga odores e cheiros relacionados à memória. [N. O.]

PROUST-PAPIERE

As observações de Spitzer são muitas vezes infrutíferas porque são "esteticamente" orientadas. O que adianta quando se faz analogia da técnica proustiana — sobre a qual se fala, [*Estudos de estilo*, vol. 2] p. 394 — com a técnica wagneriana dos motivos condutores (*Leitmotive*).[29] É claro que tais alusões causam, ao contrário, o choque que toda a verdadeira experiência na vida nos dá, que entra em nossa casa pela escada do fundo, em uma hora incomum, como um visitante não convidado.

Proust Swann I 13[30] – sobre o aspecto cinematográfico de seu trabalho.

Soit que em Proust.[31]

A afinidade que a visão do mundo de Proust tem com a do cerimonial expressa-se tanto no fato de que Saint-Simon, para ele, era o cume do desempenho literário quanto na relação que uma aristocrata como a duquesa Clermont-Tonnerre estabelece com sua obra.

{Quase nunca houve um autor do qual poder-se-ia dizer com a mesma exatidão como em Proust em que lugar de sua obra se localiza o que antes dele não existia, onde o absolutamente novo se destaca tão inconfundivelmente do complexo geral. Esse é o grande pretexto que este autor dá ao crítico, ele só tem que usá-lo. É óbvio: não apenas a análise psicológica, não apenas a crítica social, ou o poder de observação, são inequivocamente proustianos. Em tudo isso, existem inúmeros pontos de contato com os romancistas anteriores, especialmente os ingle-

---

29. *Leitmotiv* é uma técnica de composição introduzida por Richard Wagner. Trata-se do uso de um ou mais temas que se repetem em passagens de óperas no tocante a uma personagem ou a um assunto. [N. O.]

30. Anotação do próprio texto. [N. T.]

31. Em francês no original: "Seja que em Proust". [N. T.]

ses. A *signet*[32] de sua obra, oculta nas dobras de seu texto (*textum* = tecido), é a lembrança. Em outras palavras, o que definitivamente não estava lá antes de Proust, é que alguém rompeu o compartimento secreto do "humor",[33] e conseguiu se apropriar do que estava dentro (até agora apenas um odor saiu dele): este desordenado, este acumulado que nós mesmos tínhamos esquecido, fielmente guardados no inconsciente, e que agora simplesmente domina aquele que está diante dessas coisas, como} o homem é domado pela visão de uma gaveta que está até a borda cheia de brinquedos inúteis e esquecidos. Esse prazer de brincar da vida verdadeira, da qual apenas a lembrança nos conta, isso devemos procurar em Proust e fazer dele o ponto focal da observação.

Cópia do original: Arquivo Walter Benjamin,
Ms 439, GS II-3, p. 1055–1057.

Em Grenoble, no século passado, existia um restaurante *Au temps perdu.* Aquele que mandou pintar a placa do restaurante era um predecessor sentimental de Marcel Proust? Quis ele convidar os passantes a perder seu tempo em seu estabelecimento ou quis ele muito mais achar seu tempo perdido no fundo do copo, como Proust o achou no fundo da famosa *tasse de thé*, da qual um dia emergiu sua juventude em Combray e Swann para serem eternizados. Uma embriaguez está também aqui no início, certamente, aquela de um sistema nervoso infinitamente refinado, por meio do qual um aroma seria o suficiente para abalá-lo e transferi-lo para tempos distantes.

---

32. Em francês no original: marca. [N. T.]
33. No original em alemão: *Stimmung.* [N. T.]

PROUST-PAPIERE

Numa coisa ele distinguiu-se de tudo que nós chamamos por este nome. Aquele que no minuto inesquecível uma vez o experenciou, a ele permaneceu fiel, e subjugou sua existência a uma disciplina, que colocou todas suas forças a serviço do mais intenso aumento e aproveitamento daquela experiência de uma tarde.

A biografia desse homem é tão significativa porque mostra como aqui, com extravagância e irreverência raras, uma vida retirou suas leis completamente das necessidades de seu processo criativo. O infortúnio grotesco, que o entendimento de sua criação encontrou na Alemanha, com o qual nós reiteradamente teremos que lidar, vinha, de uma parte, do fato de que o caminho orgânico mais próximo não foi percorrido: apresentar a vida de um dos contemporâneos mais estranhos que temos.

Mas isso Léon Pierre-Quint fez de maneira exemplar na França, e lá também não era fácil conferir o devido lugar a Proust. Por isso, seria um bom sinal se aqui primeiramente acontecesse a coisa mais próxima: traduzir essas coisas para o alemão. Daí talvez a tradução [?][34] até ficasse rápida. Um propósito tangencial das exposições seguintes é apresentar o quanto poder-se-ia ganhar por meio da característica do homem, se não um entendimento mais profundo, ao menos um interesse vivaz pela obra de Proust.

Cópia do original: Arquivo Walter Benjamin,
Ms 437, GS II-3, p. 1057–1058.

---

34. Interrogação sobre a palavra manuscrita anotada pelos editores Tiedemann e Schweppenhäuser, GS II-3, p. 1058. [N. T.]

[ANOTAÇÕES DO ENSAIO SOBRE PROUST]

A verificação dos versos em Proust. Sua maneira mais arbitrária de escolhê-los.

{O quão inventivo ele era em dificuldades, "la seule fenêtre éclairée".[35] Clermont-Tonnerre: [Robert de] Montesquiou [et Marcel Proust, Paris, 1925]}

Ritz, Grand-Hotel Balbec: "simplification de travail",[36] op. cit.

"papier fait exprès à Londres".[37] [Clermont-Tonnerre] Montesquiou, op. cit.

{Ela inveja as domésticas porque elas podem satisfazer suas curiosidades}

Singeries[38] [Clermont-Tonnerre:] Montesquiou [op. cit...]

A respeito da palavra de Barrès: imbricação mútua de soberania e servidão.

As marés dos vícios. Diferentes épocas, diferentes vícios. Aqueles que quase foram extintos em nossa época. Entre esses, a bajulação. Os olhos bajuladores de Proust, pessoas da catedral.[39]

{Proust como o professor do lembrar}[40]

{Na observação da sociedade deve-se chegar a falar do preconceito alemão contra o *milieu*[41] aristocrático de Proust.}

---

35. Em francês no original: "a única janela iluminada". [N. T.]

36. Em francês no original: "simplificação do trabalho". [N. T.]

37. Em francês no original: "papel feito intencionalmente em Londres". [N. T.]

38. Em francês no original: caricaturas. [N. T.]

39. No original em alemão: *Kathedralenmenschen.* [N. T.]

40. No original em alemão: *Proust als Lehrmeister des Erinnerns.* [N. T.]

41. Em francês no original: meio. [N. T.]

PROUST-PAPIERE

{A função da felicidade no mundo de Proust}
{quando ele saía, ele estava enfiado em seu casaco de pele, como em uma casa, feroz e perturbado}

Enseigne[42] "Au temps perdu"
{Proust na Alemanha}
{O que Pierre-Quint fez por ele}
{*Procédé*[43] de Proust}
Mémorie involontaire e felicidade
Poète persan dans une loge de portière[44]
A sociedade como um mundo de consumo
Feudalismo e Burguesia
Os vícios de Proust
Função de sua solidão
Função de sua doença
Proust e o teto da Capela Sistina

{A morte, na qual ele por último sempre teve que pensar e que se tornou para ele uma condição de produção como o último sufocamento asmático.}

Retração dos caminhos perto de Combray em conexão com a ideia de envelhecimento.

Léon Pierre-Quint vai longe demais em suas ressalvas a respeito da mística de Proust.

Muito corretamente Quint chamou a atenção como os jovens autores acham suspeita a mística da arte de Proust. Importante é a perspectiva para os mais variados [interrompido][45]

---

42. Em francês no original: ensinar. [N. T.]

43. Em francês no original: procedimento. [N. T.]

44. Em francês no original: "Poeta persa em um alojamento de porteiro". [N. T.]

45. Sinalização dos editores Tiedemann e Schweppenhäuser sobre a interrupção do manuscrito, GS II-3, p. 1059. [N. T.]

Assim como em quadros antigos de visitação, Maria comove-nos, [aqueles] em que ela visivelmente carrega a criancinha debaixo do coração, Proust sabe apresentar-nos as fases e os momentos da existência, sempre com a criancinha, a imagenzinha no ventre materno. E como ele a enobrece. "E quando se tinha mandado por ela buscar..." *Côté de Guermantes* I

Proust também achou uma das maiores fórmulas do amor: "posséder à lui seul les désirs d'une femme"[46]

Cópia do original: Arquivo Benjamin, Ms 439, GS II-3, p. 1058–1060.

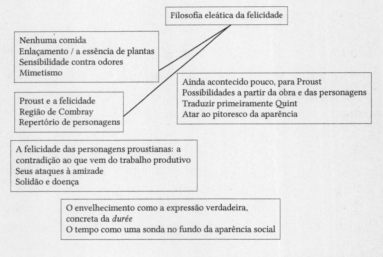

Cópia do original: Arquivo Benjamin, Ms 431, GS II-3, p. 1060.[47]

---

46. Em francês no original: "Possuir por si só os desejos de uma mulher". [N. T.]

47. A expressão "Repertório de personagens" figura em francês no original: "Répertoire des personnages". [N. T.]

A cerimonisidade[48] de Proust. Quão inventivo ele era quando estava em apuros. "La seule fenetre éclairée"[49] [Clermont-Tonnerre:] Montesquiou [Proust, Paris 1925] 136. A maneira como ele escreveu na cama. {Como isso tem conexão com seu senso de cerimonial, seu amor por Saint-Simon, sua intolerância, seu francesismo intransigente. A duquesa Clermont-Tonnerre faz a observação reveladora de que na obra de Proust não aparece um único estrangeiro.} De Proust "papier fait exprès à Londres"[50] Montesquiou. Em tudo isso há algo muito diferente do alheamento romântico do mundo. Talvez ele fosse alheio ao mundo, mas de uma maneira teimosa, que muitas vezes beira o sádico e sempre mantém o contato mais íntimo com o mundo particular em que ele viveu. Qual é o preconceito principal que se opõe a Proust na Alemanha. Como o *milieu* de Proust deve ser apreendido na Alemanha. Primeiro, seu livro não é um romance social no sentido de que um indivíduo opina sobre o acontecido. Sua obra é a "socialização" literária do eu. Como a sociedade coloca o eu em operação — e qual sociedade coloca o Eu em operação. Como ela o faz: através de uma destruição que ocorre na memória.[51] Qual o faz: uma sociedade burguesa declinante, que está sendo derrotada pelos poderes invictos do feudalismo.

---

48. No manuscrito Ms 438, lê-se *Prousts Umständlichkeit*. Na edição de Tiedemann e Schwenppenhäuser, lê-se: *Prousts Unverständlichkeit*. Traduzimos *Umständlichkeit* por "cerimoniosidade", a fim de seguir a ideia desenvolvida na sequência do texto. [N. T.]

49. Em francês no original: "A única janela iluminada". [N. T.]

50. Em francês no original: "papel feito intencionalmente em Londres". [N. T.]

51. No original em alemão: *Gedächtnis*. [N. T.]

DIÁRIO PARISIENSE E OUTROS ESCRITOS

Processo desta conquista da burguesia pelos poderes do feudalismo. O ócio burguês. A burguesia fracassa por causa do seu ócio, de sua reflexão.

{Devemos tentar principalmente entender o que está por trás do fato de que Proust não fornece o desenvolvimento da essência do Faubourg Saint-Germain apenas para destruir esta casta.} {Citar a frase de Lukács.} Hochdorf [?]. Toth [?]

Os vícios de Proust: tagarelice, curiosidade e bajulação.

Especialmente o último é um vício arcaico que não tem mais uma base clara na sociedade de hoje.

[notas subsequentes à lápis:] Sua profunda assimilação por meio do feudalismo é o tema sociológico do livro e sua fuga de regresso ao feudalismo, do qual esse havia se emancipado.

E este cômico o poeta descobre, não por último, em todas as pretensões sociais da burguesia.

Cópia do original: Arquivo Walter Benjamin,
Ms 438,GS II-3, p. 1058–1060.

{A lembrança como Penélope[52] — o dia não acrescenta algo ao tecido dela. O que ele traz ele toma de volta com a outra mão. Ele desfaz o que foi tecido. E toda noite, a lembrança começa a tecer de novo. Então, a obra de Proust é realmente um tapete. Já em 1914, Francis de Miomandre escreveu [?]: "Tout vint sur le même plan"}[53]

---

52. No original em alemão: *Die Erinnerung als Penelope.* [N. T.]
53. Em francês no original: "Tudo veio no mesmo plano". [N. T.]

Relação entre a *ingénuité* de Proust, infantilidade, e aquela vontade fanática de felicidade que o impulsiona até o fundo de todas as coisas. A mais alta função criativa do hedonismo de Proust parece não ter sido ainda reconhecida.

{Montesquiou compara a obra de Proust com o desfile dos insetos naquele romance de Salomão.}

Além disso, deve ser observado o nexo de uma certa cerimoniosidade indesejada com sua intensidade criativa. Ser cerimonioso significa, entre outras coisas, dificultar as coisas para si mesmo e isso pode ser significativo para uma obra.

Os livros de Clermont-Tonnerre: suas lembranças, secas e borbulhantes como um bom champanhe, são boas e muito habilmente armazenadas.

Montesquiou era um homem que olhou para os momentos de sua existência como joias e para quem a vida e o espírito de seus contemporâneos, finalmente também Proust, basicamente, eram apenas bons o suficiente para reunir estas pedras preciosas como uma moldura. Clermont-Tonnerre: R[obert] d[e] M[ontesquiou e Marcel Proust, a. a. O.] p 183 sobre seus poemas de guerra. O *déclin*[54] é muito bem descrito por Montesquiou: vem à tona que ele é uma das existências marcadas desde o início com o estigma da morte solitária.

Ao considerar sua poesia, gostaríamos de dizer que, no declínio desta classe (a feudal), algo de sua borra é derramada.

Clermont-Tonnerre sobre a poesia de Montesquiou "encouragé par son insuccès"[55] [a. a. O. p. 183]

---

54. Em francês no original: declínio. [N. T.]
55. Em francês no original: "Encorajado pelo seu insucesso". [N. T.]

Citar p 192 sobre as *Memórias* (*Memoiren*) de Montesquiou

"Le Don Juan de la haine".[56]

{Clermont-Tonnerre: *les romans de Proust ne mention-
nent pas un seul étranger*}[57]

Aquele Proust, o frequentador assíduo do Ritz

{*La mer "jamais la même"*[58] — e os dioramas com sua
mudança de iluminação, o que faz com que o dia passe
tão rápido diante do espectador quanto ele passa para o
leitor em Proust. Aqui, a mais baixa e mais alta forma de
mímesis dão as mãos.}

Cópia do original: Arquivo Walter Benjamin,
Ms 433, GS II-3, p. 1060–1062.

Proust — como ele aquece com cartas

A felicidade em seus olhos, a sorte "no" jogo, "no"
amor

O *coupe*[59] do estilo da autora [provavelmente Elisa-
beth de Clermont-Tonnerre][60] Predominância da literatura biográfica e anedótica no primeiro período.

Oposição com a doutrina muito antiga de que na felicidade os contornos das coisas tornam-se turvos

A homossexualidade de Proust

Cópia do original: Arquivo Walter Benjamin,
Ms 434,GS II-3, p. 1062.

---

56. Em francês no original: "O Don Juan do ódio". [N. T.]

57. Em francês no original: "Os romances de Proust não mencionam
um único estrangeiro". [N. T.]

58. Em francês no original: "o mar", "nunca o mesmo". [N. T.]

59. Em francês no original: o corte. [N. T.]

60. Observação dos editores Tiedemann e Schweppenhäuser, p.
1062. [N. O.]

PROUST-PAPIERE

[NOTAS SOBRE PROUST E BAUDELAIRE][*]

{Porque ele inclui toda a existência. Seu lembrar espontâneo[61] e assim surge da escuridão das nuvens da semelhança onde ela é mais esvanecedora — na imagem desfigurada do que envelhece—}

O mundo das *correspondences* de Baudelaire, as regiões onduladas da semelhança onde os toxicomaníacos... estão em casa. Dessa escuridão das nuvens da semelhança, onde ela se forma da maneira mais escura [?], do envelhecimento, rompe o fértil, ressoa [?] a água fértil, rejuvenescente nas gotas da qual o instante se reflete magicamente.

O envelhecimento como processo terrível no cosmos da semelhança

Este cosmos torna acessível as *correspondances* de Baudelaire

Mas da escuridão das nuvens, vem como chuva o poder fértil da lembrança, nas gostas da qual o mundo se reflete

A lembrança rejuvenesce

---

*. Antecedendo estes últimos fragmentos das anotações de Benjamin sobre Proust, encontram-se comentários dos editores Tiedemann e Schweppenhäuser (GS II-3, p. 1062) a respeito do material — *Prolegomena* — que poderia ter servido a um segundo ensaio sobre Proust: "A compilação dos documentos sobre Proust contém, além disso, duas folhas (Ms 426 f.) nas quais Benjamin anotou correções do ensaio 'Imagem de Proust'. Em 'Prolegômenos para Proust II', o significado do II não é claro: o mais improvável é que isto quer dizer prolegômenos sobre o segundo volume da '*Recherche*'; possivelmente as notas são a respeito de um segundo ensaio planejado sobre Proust; no entanto, os editores estão inclinados a pensar em um trabalho preparatório para o ensaio de 1929 (o 'Prolegômenos I' estaria, portanto, perdido). Finalmente, a curta palestra sobre Proust é um texto independente, porém fragmentário, provavelmente de 1932". [N. O.]

61. No original em alemão: *spontanen Erinnern*. [N. T.]

155

DIÁRIO PARISIENSE E OUTROS ESCRITOS

A solidão para a qual ela leva é a organização de um mundo, no qual Proust nunca introduz[iu] mais claramente do que nesta imagem: *Côté du Swann, Côté des Guermantes*

Não só o tempo é encontrado novamente, mas a proximidade

O verdadeiro empenho de Proust direciona-se ao curso do tempo, em sua face mais verdadeira, menos redigida [?] que ele no cosmos

O verdadeiro interesse de Proust se dirige à passagem do tempo em sua forma banal [?], na sua forma entrecruzada no espaço

O curso do tempo no mundo desfigurado do estado da semelhança, o verdadeiro mundo de Proust

O envelhecimento

Neste cosmos aparecem as correspondências baudelairianas

E nelas o mundo se rejuvenesce, inebriante

Pois não só a eternidade é banida em tempo, mas também a distância na proximidade

A imagem de Combray

A solidão como embriaguês

Cópia do original: Arquivo Walter Benjamin, Ms 1962, GS II-3, p. 1063.

PROLEGÔMENOS PARA PROUST II

Com tantas analogias do mundo botânico, quase nada sobre animais. A respeito do universo das plantas em Proust comparar livros [como] os de [Raoul H.] Francé ou *Blumen* [Berlim, 1928] de Th[eodor] Lessing.

PROUST-PAPIERE

Ensaios de Raphael Cor no *Mercure de France* 15 de julho de 1924 [?] 15 de maio de 1926 [tomo 188, pp. 46–55: *Marcel Proust et la jeune littérature*] / 15 de maio de 1928 [tomo 204, pp. 55–74: *Marcel Proust ou l'indépendant. Réflexions sur le "Temps retrouvé",*] /

Dialética em Proust: seus problemas decorrem de uma sociedade saturada, mas as respostas às quais ele chega, são subversivas. Ou: a obra é legível apenas em longas viagens marítimas, durante uma convalescença etc. Por outro lado, a quintessência da obra se encontra em todas as páginas.

Louis de Robert [*Comment débuta Marcel Proust*, Paris 1925] e [Robert] Dreyfus destacam, com razão, o tom epistolar que tem toda sua obra. O que resulta disso? Dreyfus [*Souvenirs sur Marcel Proust*, Paris, 1926] p 202

Cópia do original: Arquivo Walter Benjamin,
Ms 717, GS II-3, p. 1064.

De uma curta palestra sobre Proust proferida em meu 40º aniversário

Sobre o conhecimento da *mémoire involontaire*: suas imagens vêm sem serem evocadas, trata-se nela [*mémoire involontaire*] muito mais de imagens que nunca vimos, antes de lembrarmos delas. Isto fica mais nítido naquelas imagens, nas quais nós podemos ser vistos — exatamente como em alguns sonhos. Nós ficamos em frente de nós mesmos, do mesmo jeito como provavelmente estávamos no passado primevo, em algum lugar lá, mas nunca diante de nosso olhar. E são justamente as imagens mais importantes que chegamos a ver, aquelas que são reveladas na câmera escura do momento vivido. Poder-se-ia dizer que em nossos momentos mais profundos, como naqueles

DIÁRIO PARISIENSE E OUTROS ESCRITOS

pacotinhos de cigarro, foi nos dada uma pequena imagenzinha, uma foto de nós mesmos. E aquela "vida toda" que passa, como ouvimos frequentemente dizer, diante de moribundos ou de pessoas em perigo de vida, consiste exatamente dessas pequenas imagens. Elas apresentam uma sequência rápida como aqueles cadernos, que precedem o cinematógrafo, nos quais nós podíamos admirar, na infância, um boxeador, um nadador e um jogador de tênis praticando suas artes.

O hedonismo de Proust não pode ser entendido sem a ideia de representação. Proust mesmo viu-se como o representante dos pobres e deserdados no prazer. Ele está completamente impregnado pela obrigação — isto é uma segunda coisa — de realmente vivenciar não apenas o prazer para todos, mas também o prazer em todo lugar e em tudo no qual ele é reivindicado. O propósito incondicional de salvar o prazer, de justificá-lo, de realmente achá-lo onde ele comumente é apenas fingido, é uma paixão de Proust, que vai muito mais fundo e é [palavra não decifrada],[62] do que suas análises desilusionistas. Daí sua especial fixação no esnobismo, do qual ele quer pegar o que tem de prazer autêntico dentro dele — um tesouro que os membros da sociedade parecem ser menos capazes de resgatar.

Cópia do original: Arquivo Benjamin,
Ms 754 f., GS II-3, p. 1064–1065.

---

62. Observação dos editores Tiedemann e Schweppenhäuser, GS II-3, p. 1065. [N. O.]

André Gide

André Gide e a Alemanha
Conversação com o poeta[*]

Há algumas semanas, conversando com um dos principais críticos da França, perguntei: "Quem entre os grandes franceses parece-lhe, em sua figura e em sua obra, o mais aparentado a nós?"; sua resposta: "André Gide". Não quero negar que essa resposta, se por ela não aguardava, por ela ansiava. No entanto, evitemos um mal-entendido evidente. Se Gide, o homem, o pensador, possui, de certa forma, uma afinidade inegável com o gênio alemão, isso não significa que, como artista, ele viria ao encontro dos alemães, e que se tornaria fácil para seus leitores alemães. Não o é para eles como não o é para os seus compatriotas.

A Paris de onde ele vem não é a dos incontáveis escritores de romances e do mercado internacional de comédias. O talento e a família ligam-no mais do que a esta cidade ao norte, à Normandia e sobretudo ao protestantismo. É preciso ler uma obra como a *Porte étroite*[1] para reconhecer com que amor Gide envolve essa paisagem e até que ponto a paixão ascética de sua jovem heroína está envolvida com essa paisagem.

---

[*]. "André Gide und Deutschland. Gespräch mit dem Dichter", in GS IV-1, p. 497–502. Tradução de Carla Milani Damião. Entrevista publicada no jornal *Deutschland Allgemeine Zeitung* em 29 de janeiro de 1928. [N. O.]

1. Em francês no original: *A porta estreita*. [N. T.]

Um aspecto moralista e reformista era peculiar ao seu trabalho desde o início. Não há escritor no qual a energia produtiva e a energia crítica tenham estado mais estreitamente ligadas do que nele. E se foi há trinta anos o protesto do jovem Gide contra o nacionalismo primitivo e estéril de Barrès, ou se hoje seu último romance, os *Faux-monnayeurs*,[2] que propõe uma reforma criativa da forma corrente do romance no espírito da filosofia da reflexão romântica — uma coisa é certa, esse espírito permaneceu absolutamente fiel: a necessidade de repelir os dados, não importa que estejam do lado de fora ou encontrem-se em si mesmo.

Se é nisso que encontramos a essência deste importante autor tanto como poeta quanto como moralista, então são dois grandiosos que lhe mostraram o caminho: Oscar Wilde e Nietzsche. Talvez o espírito europeu em sua figura ocidental, em contraste com sua face oriental representada por Tolstói e Dostoiévski, nunca tenha sido expresso com maior evidência do que nesta tríade. Se todavia mais tarde, quando o poeta fala sobre o que deve à literatura alemã, o nome de Nietzsche não surja, pode ser porque falar de Nietzsche significaria para Gide lidar consigo mesmo num sentido excessivamente intenso, excessivamente responsável. Pois, teria compreendido pouco de Gide quem não soubesse que os pensamentos de Nietzsche eram mais para ele do que o esboço de uma "visão do mundo". "Nietzsche", disse Gide ocasionalmente em uma conversa, "abriu uma estrada real onde eu poderia ter feito apenas um caminho estreito. Ele não 'me influenciou'; ele ajudou-me."

---

2. Em francês no original: *Os moedeiros falsos*. [N. T.]

GIDE E A ALEMANHA

Isso é modéstia, mesmo se não ocorre uma outra palavra a esse respeito hoje. Modéstia: essa virtude tem duas faces. Existe a pretensa, a baixa, a encenada pelos pequenos, e a calorosa, serena e verdadeira dos grandes. Ela irradia de forma convincente cada movimento desse homem. Sente-se que ele está acostumado a se mover na casa real das ideias. De lá, do contato com rainhas, a entonação suave, o jogo hesitante, porém importante das mãos, o olhar discreto, mas atento de seus olhos. E quando ele assegura-me ser geralmente um interlocutor desconfortável na conversação — tímido e selvagem ao mesmo tempo — entendo: para ele, sair do círculo da existência habitual e solitária, daquela casa real, significa, ao mesmo tempo, perigo e sacrifício. Ele menciona o ditado de Chamfort: "Se alguém realizou uma obra-prima, as pessoas não têm nada mais urgente a fazer do que impossibilitar a próxima". Como nenhum outro, Gide rejeitou vigorosamente honras e títulos de glória. "É verdade", diz ele, "Goethe diz que apenas os mendigos são modestos, no entanto", continua ele, "não houve nenhum gênio mais modesto do que ele. Pois, o que significa a paciência de, na velhice extrema, subordinar-se a uma ordem mais baixa e aprender o persa? Sim, mesmo ler no entardecer de um dia enorme de trabalho já era, para esse homem, modéstia."

Na França, houve rumores de que Gide queria traduzir *As afinidades eletivas*. E porque recentemente seu diário de viagem do Congo fala sobre uma nova leitura do livro, pergunto a ele sobre isso. "Não", Gide responde, "traduzir agora é uma aventura remota para mim. É claro que Goethe ainda me atraía." Uma ligeira hesitação segue, característica nele. "E certamente todo Goethe está em *As afinidades eletivas*, mas se eu tivesse que traduzir alguma coisa, preferiria pensar em *Prometeu*, algumas passagens

DIÁRIO PARISIENSE E OUTROS ESCRITOS

de *Pandora*, ou em páginas de prosa menos frequentadas, como o escrito sobre Winckelmann."

Penso, então, em uma tradução alemã que Gide publicou recentemente, um capítulo de *Henrique, o verde*[3] de Gottfried Keller. O que pode ter levado o poeta a essa direção? Uma expressão de Jacques Rivière, o amigo desaparecido, passa pela minha mente: aquele "jardim encantado da hesitação", no qual Gide iria morar por toda a vida. Neste jardim também viveu Keller, o poeta de profundas inibições e reservas apaixonadas, e a partir daqui o encontro entre os dois grandes prosadores poderia ter nascido.

Mas nesse ponto não consegui retirar algo de Gide a esse respeito, pois a conversa deu uma súbita virada: "Gostaria de dizer-lhe algo mais sobre os propósitos da minha visita". O objetivo era realizar uma *conférence*[4] em Berlim. E para sua preparação queria dedicar a primeira semana da minha estada à paz e ao recolhimento. Mas as coisas foram muito diferentes daquilo que havia previsto, pois a amabilidade dos berlinenses, seu interesse por mim, provou ser tão grande que a ociosidade, com a qual contava, não queria se apresentar. Reuniões e palestras enchiam meu tempo. Por outro lado, minha decisão de não me apresentar, exceto com um discurso bem elaborado, permaneceu firme: *Je voulais faire quelque chose de très bien.*[5] E ficaria contente se o senhor informasse isso e acrescentasse que meu objetivo não foi abandonado, somente a execução foi adiada. Voltarei com minha *conférence*. Talvez então ela tenha um tema bastante diferente do que o que tinha em mente desta vez. Posso dizer ape-

---

3. *Der grüne Heinrich* (*Henrique, o verde*, 1854–1855), romance de Gottfried Keller (1819–1890). [N. O.]

4. Em francês no original: conferência. [N. T.]

5. Em francês no original: "Eu queria fazer algo muito bem". [N. T.]

GIDE E A ALEMANHA

nas isso: não pretendera, nem pretendo no futuro, falar aqui da literatura francesa, como frequentemente acontece. Em minhas conversas berlinenses pude verificar continuamente o quão bem informados a este respeito estão todos os senhores, que se interessam por isso.

"Estava pensando em falar sobre outra coisa. Gostaria de expor quais são os elementos mais frutíferos e estimulantes de sua literatura para mim como autor francês. Os senhores teriam me ouvido falar sobre qual papel desempenhavam na França e, em particular, para mim, Goethe, Fichte, Schopenhauer. Também aproveitaria a oportunidade de falar aos senhores sobre o novo e intenso interesse que as coisas alemãs despertam em nós. E se compararmos o estudioso francês atual com o da geração anterior, posso dizer o seguinte: ele ficou mais ansioso para saber, sua visão está prestes a se ampliar para além dos limites culturais e linguísticos de sua terra natal. Compare isso com a afirmação de Barrès: 'Aprendendo idiomas? Por quê? Para dizer a mesma tolice de três ou quatro maneiras diferentes?' O senhor percebe o significado dessa frase? Barrès, sobretudo, pensa apenas em falar, ler em uma língua estrangeira, adentrar em uma língua estrangeira, não vale nada para ele. Se em Barrès isso era uma suficiência nacionalista, em Mallarmé na mesma época era uma suficiência no mundo espiritual interior o que fazia cada olhar para o exterior, o amor à viagem ou o conhecimento de línguas estrangeiras, tornar-se algo raro. Não teria, talvez, a filosofia do idealismo alemão levado seus discípulos franceses a essa atitude?"

Gide conta então a curiosa anedota sobre como Villiers de L'Isle-Adam introduziu a doutrina hegeliana no círculo de Mallarmé. Parece que um dia o jovem Villiers comprou um saco de batatas quentes numa esquina: o papel do embrulho, porém, era uma folha de uma tradução da *Estética* de Hegel. Desta forma, e não no caminho oficial pela Sorbonne e de Victor Cousin, o idealismo alemão teria chegado aos simbolistas.

"Ne jamais profiter de l'élan acquis" — nunca tire proveito do ímpeto já alcançado: no *Journal des faux-monnyeurs*,[6] Gide define assim uma das máximas de sua técnica literária. É, porém, muito mais do que uma regra da escrita: é a expressão de uma atitude espiritual que aborda cada problema como se fosse o primeiro, o único de um mundo que acabou de sair do nada. E se o poeta, como a figura mais representativa da cultura francesa, dirigir-se aos ouvintes alemães, oxalá em um futuro próximo, ele o fará, na direção de um recomeço, com um espírito que não deverá em nada aos ânimos e aos humores da opinião pública aqui e lá. Para aquele que escreveu essa frase há muitos anos: "Reconhecemos como válida somente a obra que no seu elemento mais profundo é a revelação do solo e da raça da qual emerge", a comunidade dos povos é uma coisa que se realiza apenas na mais elevada e precisa expressão, e ao mesmo tempo também apenas na purificação espiritual mais rigorosa dos caracteres nacionais. Obscuridade e imprecisão, onde quer que estejam, são estranhas para ele: não é por acaso que Gide sempre se confessou um fanático pelo desenho, pelo contorno nítido.

Nesse sentido, vamos esperá-lo novamente na Alemanha, ansiosamente e com alegria; ele, o grande francês que, com seu trabalho, paixão e coragem, conseguiu dar à sua fisionomia o caráter europeu.

---

6. Em francês no original: *Diário dos moedeiros falsos.* [N. T.]

Conversação com André Gide[*]

É agradável conversar com André Gide em seu quarto de hotel. Sei que ele possui uma casa de campo em Cuverville e um apartamento em Paris e seria uma impressão certamente inesquecível encontrá-lo entre seus livros, nos lugares onde ele concebeu e realizou sua grande obra. Mas não compararia isto ao encontro com esse grande viajante em meio à sua bagagem, *omnia sua secum portans*,[1] em estado de prontidão defensiva, à luz clara da manhã em seu amplo quarto de hotel na *Potsdamer Platz*. Podemos admitir que a entrevista,[2] uma forma que diplomatas, economistas, gente de cinema, criaram para si, não

---

[*]. "Gespräch mit André Gide", in GS IV-1, p. 502–509. Tradução de Carla Milani Damião. Benjamin foi escolhido pelo jornal *Deutschland Allgemeine Zeitung* e pela revista *Literarische Welt* para entrevistar André Gide em sua visita a Berlim. Do encontro resultaram dois artigos: "André Gide und Deutschland. Gespräch mit dem Dichter" (GS IV-1, p. 497–502), publicado no jornal em 29/01/1928, e "Gespräch mit André Gide" (GS IV-1, p. 502–509), publicado na revista em 17/02/1928. Essa tradução corresponde ao artigo publicado na revista. Benjamin tinha 35 anos à data, e Gide, 59 anos. Em carta a Scholem, de 30/01/1928, Benjamin diz esperar que com a publicação da entrevista sua situação em Paris melhore. [N. O.]

1. Em latim no original: "portador de todas suas coisas consigo". [N. T.]

2. *Interview* no texto original. Benjamin teoriza sobre *Gespräch* (conversa ou conversação) no texto de juventude intitulado *Metafísica da juventude. A conversação* (*Metaphysik der Jugend. Das Gespräch*), GS II-1, p. 91–96. [N. T.]

DIÁRIO PARISIENSE E OUTROS ESCRITOS

é, à primeira vista, o meio pelo qual o poeta[3] — o mais diferenciado entre os viventes — se dá a reconhecer. Se observarmos melhor, a entrevista parece de fato diferente. Fala e resposta articulam o pensamento gideano como um raio de luz. Eu o comparo a uma fortaleza: tão inalcançável visualmente em sua construção, com circunvalações, em recuos e bastiões avançados, sobretudo tão rigoroso na forma e tão perfeito na construção de sua funcionalidade dialética.

Mesmo o último dos diletantes sabe que é perigoso e que deve arcar com consequências quem fizer registros nas proximidades de fortalezas. Papel e lápis tiveram que ser deixados de lado, e se as palavras seguintes forem autênticas, elas o são graças à agudeza da suave e entusiasmada voz que as gerou.

Quase não fiz a Gide perguntas que normalmente, mais por rotina do que por interesse, surgem em uma entrevista. Pois ele próprio se basta como entrevistador e entrevistado, tal como ele estava sentado à minha frente em um degrau da sacada interna do quarto, recostado na almofada de uma poltrona, com um *foulard*[4] marrom envolto no pescoço e as mãos estendidas ora sobre o tapete, ora entrelaçadas e recolhidas sobre os joelhos. De vez em quando, caso uma de minhas raras perguntas suscitasse seu interesse, seu olhar saltava dos reluzentes óculos de aro de tartaruga e recaia sobre mim. É fascinante observar seu rosto, mesmo que seja apenas para acompanhar o jogo alternante entre malícia e bondade, as quais estaríamos tentados a dizer que ambas habitam as mesmas rugas, dividindo-se fraternalmente em sua expressão fa-

---

3. No original em alemão: *Dichter.* [N. T.]
4. Em francês no original: lenço de seda. [N. T.]

CONVERSAÇÃO COM GIDE

cial. Não são os piores momentos, quando a pura alegria provinda de uma anedota maliciosa ilumina suas feições.

Não existe hoje nenhum poeta europeu que tenha acolhido a fama de forma tão inóspita, quando enfim essa o alcançou no final de seus quarenta anos. Não existe francês que tenha se entrincheirado mais firmemente contra a Academia Francesa. Gide e D'Annunzio — precisamos somente colocar esses nomes lado a lado para reconhecer o que se é capaz de fazer a favor ou contra a fama. "Como o senhor encara sua fama?" E, então, Gide conta o quão pouco a procurou, a quem agradeceu por tê-la um dia, ainda assim, encontrado; e como ele dela defendeu-se.

Até 1914 ele estava firmemente convicto de que seria lido apenas após sua morte. Não se tratava de resignação, mas de confiança na duração e força de sua obra. "Desde que comecei a escrever, Keats, Baudelaire, Rimbaud, foram para mim um modelo: pois eu queria, como eles, dever meu nome apenas à minha obra e a nada mais." Uma vez que um poeta ocupe esse posto, não é raro, então, que um inimigo intervenha e lhe sirva de burro de Balaão.[5] Este foi, para Gide, Henri Béraud, o romancista.[6] Ao leitor francês de jornal, ele tanto afirmou que nada havia de mais ignorante, enfadonho e depravado do que os livros de André Gide, até que por fim as pessoas ficassem atentas e perguntassem: Quem é de fato esse André Gide, que, por nenhum preço, deve ser lido por pessoas decentes? Quando certa vez, após muitos anos, Béraud escreveu,

---

5. Benjamin refere-se a uma passagem bíblica do profeta Balaão e de seu burro ou jumenta (as versões, em português, variam). Balaão açoitava-o sem perceber que o burro era capaz de ver o anjo que ele não via. Expressão que significa que o adversário presta-lhe um grande favor ao criticá-lo. [N. T.]

6. No original em alemão: *der Romancier*. [N. T.]

DIÁRIO PARISIENSE E OUTROS ESCRITOS

num de seus ímpetos, que de todas as pessoas este Gide era, além de tudo, um ingrato com seus benfeitores, então, o poeta, para enfraquecer essa áspera reprovação, enviou a Béraud a mais bela caixa de chocolate *Pihan*. Junto um cartãozinho com as seguintes palavras: *"Non, non, je ne suis pas un ingrat"*.[7]

O que mais contrariava os adversários do jovem Gide era a constatação de que no exterior ele era considerado mais notável do que eles próprios. Isso passaria uma impressão completamente falsa, assim pensavam. E, de fato, seus livros teriam dado uma impressão mais exata do tipo médio de romances fabricados na França. Gide foi desde cedo traduzido entre nós e mantém uma relação de amizade com seus primeiros tradutores, com Rilke até sua morte, com Kassner e Blei ainda hoje. Assim chegamos à questão atual da tradução. O próprio Gide tornou Conrad[8] conhecido e apreciado ao traduzi-lo, como a Shakespeare. Sabíamos de sua magistral tradução de *Antônio e Cleópatra*. Há pouco tempo, Pitöeff, diretor do *Théâtre de l'Art*, pediu a ele que traduzisse *Hamlet*. "O primeiro ato custou-me meses. Quando ficou pronto, escrevi a Pitöeff: não consigo mais,/ extenua-me em demasia." "Mas o senhor publicará o primeiro ato?" "Talvez, não sei. Neste momento ele se perdeu em algum lugar entre meus papéis em Paris ou Cuverville. Viajo tanto que não consigo por nada em ordem."[9] Não por acaso ele conduz a conversa para Proust. Ele está a par do empreendimento de tradução para o alemão, também conhece o lado obscuro de

---

7. Em francês no original: "Não, não, eu não sou um ingrato". [N. T.]

8. Trata-se do escritor britânico Joseph Conrad (1857–1924). [N. O.]

9. As citações estão em sequência no texto original, sem indicar os autores. [N. T.]

CONVERSAÇÃO COM GIDE

sua história.[10] Sua esperança por um desfecho favorável dessa história é amável. E como sabemos, por experiência, que todos que se aproximam de Proust passaram por fases, arrisco perguntar sobre sua própria relação... Ela não é uma exceção a essa lei. O jovem Gide testemunhou o momento inesquecível em que Proust, o brilhante *Causeur*,[11] começou a despontar nos salões. "Quando nós nos encontrávamos socialmente, eu o tinha como o *snob* mais empedernido. Penso que ele não me estimou de outro modo. Nenhum de nós pressentiu a estreita amizade que iria nos ligar." E quando um dia chegou um metro de pilha de cadernos no escritório da editora da NRF,[12] foi primeiramente desconcertante. Gide não arriscou imediatamente imergir naquele mundo. Mas quando começou, logo sucumbiu a seu fascínio. Desde então, Proust é para ele um dos maiores entre todos os pioneiros dessa mais nova conquista do espírito: a psicologia.

Também esse termo, quando se conversa com Gide, é de novo uma porta que leva a uma dessas imensas galerias nas quais corremos o risco de quase nos perder. A psicologia é a causa do ocaso do teatro. O drama psicológico, sua morte. A psicologia é o domínio do diferenciado, do que isola e desconcerta. O teatro é o domínio da unanimidade, da solidariedade, da realização. Amor, inimizade, fidelidade, ciúme, coragem e ódio — no teatro são todas as

---

10. O empreendimento de traduzir a obra de Proust *Em busca do tempo perdido*, cuja incumbência inicialmente seria de Benjamin e Franz Hessel, havia fracassado naquele momento. [N. T.]

11. Em francês no original: conversador. [N. T.]

12. A revista *Nouvelle Revue Française*, na qual Gide teve um importante papel intelectual, como atesta a obra de Auguste Anglés, *André Gide et le premier groupe de la* Nouvelle Revue Française. *Une inquiète maturité, 1913–1914.* Paris: Éditions Gallimard, 1986. [N. T.]

DIÁRIO PARISIENSE E OUTROS ESCRITOS

partes de uma constelação de contornos previsíveis, dadas de antemão. O contrário daquilo que é para a psicologia, cuja compreensão descobre no amor o ódio, na coragem, a covardia. "*Le théâtre c'est un terrain banal*."[13]

Voltamos a Proust. Gide esboça a descrição que já vinha se tornando clássica, desse quarto de enfermo, desse ser adoentado que, naquele aposento permanentemente escuro, o qual, para impedir o ruído, era forrado com cortiça ao redor — mesmo as janelas eram cobertas com almofadas —, recebia raros visitantes e, sobre sua cama, sem suporte para escrever, rodeado por uma pilha de papéis cheios de rabiscos, escrevia, escrevia e mesmo suas correções ao invés de lê-las, cobria-as com mais frases, "*bien plus que Balzac*."[14] Apesar de sua admiração, Gide constata: "Não tive contato com suas personagens. *Vanité*[15] — essa era a matéria da qual elas eram feitas. Acredito que Proust deixou muita coisa que não conseguiu expressar, brotos que nunca conseguiram se abrir. Em sua obra tardia prevaleceu certa ironia sobre a moral e o religioso, o que nos primeiros escritos era perceptível". Parece também que o poeta reconheceria em uma característica de sua técnica, de sua composição, uma ambiguidade da essência proustiana, às vezes ocultada pela ironia. "Fala-se de Proust como um grande psicólogo. Ele seguramente o foi. Porém, se insistimos em lembrar com tanta frequência quão artisticamente ele seria capaz de mostrar a mudança de suas principais personagens ao longo de sua vida, então não nos damos conta talvez de uma coisa: cada uma de suas personagens, até a mais in-

---

13. Em francês no original: "O teatro é um terreno banal". [N. T.]
14. Em francês no original: "Ainda mais do que Balzac". [N. T.]
15. Em francês no original: vaidade. [N. T.]

CONVERSAÇÃO COM GIDE

ferior, é trabalhada segundo um modelo. Esse modelo, no entanto, não permaneceu sempre o mesmo. Para Charlus, por exemplo, havia certamente no mínimo dois modelos; ao Charlus da última época servia um modelo muito diferente daquele orgulhoso da primeira época." Gide fala de *surimpression*,[16] de um *fondu*.[17] Como em um filme, uma personagem se transforma sucessivamente noutra.

Ao final de uma pausa, Gide diz: "Eu vim para proferir uma *conférence*,[18] mas a vida berlinense não me deixou fazer em paz aquilo que efetivamente havia planejado. Voltarei e então trarei comigo minha *conférence*. Mas hoje gostaria de lhe contar algo sobre minha relação com a língua alemã. Depois de um longo, intensivo e exclusivo envolvimento com a língua alemã — que ocorreu durante os anos de minha amizade com Pierre Louÿs, quando lemos juntos o segundo *Fausto* — deixei de lado minhas coisas alemãs durante dez anos. A língua inglesa prendeu toda minha atenção. No ano passado, então, no Congo, voltei a abrir novamente um livro alemão, *As afinidades eletivas*.[19] Então fiz uma estranha descoberta, minha leitura após esses dez anos de pausa não estava pior, mas estava melhor. Não foi" — e aqui Gide insiste — "o parentesco entre o alemão e o inglês que tornava a leitura mais fácil para mim. Não, mas justamente porque havia me separado de minha

---

16. Em francês no original: impressão sobre impressão. [N. T.]

17. Em francês no original: fusão. [N. T.]

18. Em francês no original: conferência. [N. T.]

19. Gide refere-e à obra de Goethe *As afinidades eletivas* (*Die Wahlverwandschaften*), sobre a qual Benjamin escreveu um longo ensaio. Segundo a única testemunha presente nessa entrevista, Pierre Bertaux, Benjamin havia enviado seu ensaio a Gide, pois ele teria perguntado se Gide o havia lido. Essas observações foram feitas em carta de Bertaux a respeito desse encontro (cf. Walter Benjamin, GS VII, p. 257–269). [N. T.]

DIÁRIO PARISIENSE E OUTROS ESCRITOS

própria língua materna, recebi o *élan* de apoderar-me de outra língua estrangeira. No aprendizado de línguas o mais importante não é qual língua se aprende; abandonar a sua é o decisivo. Só assim, também, a entendemos verdadeiramente". Gide cita uma frase da descrição da viagem do navegante de Bougainville: "Quando nós deixamos a ilha, demos-lhe o nome de *Ile du Salut*",[20] ao que ele emenda com a maravilhosa frase: "*Ce n'est qu'en quittant une chose que nous la nommons*".[21]

"Se eu", prossegue, "influenciei a geração que me sucedeu em alguma coisa, foi no fato de que agora os franceses começam a mostrar interesse por terras e línguas estrangeiras, onde antes reinava a indiferença e a indolência. Leia a *Voyage de Sparte*[22] de Barrès e o senhor saberá o que quero dizer. O que Barrès via na Grécia é a França, e, onde ele não via a França, nada queria ter visto." Chegamos, pois, de súbito, a um dos temas gideanos prediletos: Barrès. Sua crítica ao *Déracinés*[23] de Barrès, escrita já há trinta anos, foi uma firme recusa dessa epopeia do enraizamento. Foi a confissão magistral do homem que não quer fazer valer o nacionalismo saturado e reconhece as características do povo francês apenas onde elas em si encerram o espaço de tensão da história europeia e da família de povos europeus.

"Os desenraizados" — Gide tem só um amável escárnio para uma metáfora poética que passa tão completamente ao lado da verdadeira natureza. "Eu sempre disse que é uma pena que Barrès tenha a botânica contra si. Como

---

20. Em francês no original: Ilha da Salvação. [N. T.]

21. Em francês no original: "Apenas quando deixamos uma coisa é que a nomeamos". [N. T.]

22. Em francês no original: *Viagem a Esparta*. [N. T.]

23. Em francês no original: *Os desenraizados*. [N. T.]

se a árvore se fechasse e não mais alcançasse por seus rebentos, com todos seus ramos, a vasta atmosfera. É uma desgraça quando os poetas não têm a menor noção de ciências naturais." Diante de mim, está um homem que escreveu certa vez: "Só quero lidar com a natureza. Uma carroça de legumes transporta mais verdade do que o mais belo período de Cícero". Esse círculo de imagens ainda prende Gide: "Há pouco falava de Proust, de quantos de seus brotos permaneceram fechados. Comigo foi diferente. Eu quero que tudo o que aprendi venha à luz do dia, encontre sua forma. Isso possui talvez uma desvantagem. Minha obra tem algo de matagal, do qual dificilmente desprendem-se meus traços determinantes. Aqui eu aguardo com paciência. *Je n'écris que pour être relu.*[24] Eu conto com o tempo depois da minha morte. Somente a morte expulsará a figura do poeta da obra. Então a unidade da obra será inconfundível. Entretanto, não deixei que ela se tornasse fácil para mim. Sei que existem poetas que, desde o início, aspiram apenas limitar-se cada vez mais. Um homem como Jules Renard não se tornou o que é por desdobramento, mas pelo mais descarado corte de seus brotos.[25] Isso não é pouco. O senhor conhece seus diários? Um dos documentos mais interessantes... Mas algo que às vezes pode adquirir traços grotescos. Comigo é bem diferente. Sei o quanto foi atormentador meu primeiro contato com os livros de Stendhal, de que maneira hostil esse universo me tocou num primeiro momento. Por isso mesmo me senti por ele apaixonado. Mais tarde aprendi bastante com

---

24. Em francês no original: "Eu escrevo apenas para ser relido". [N. T.]

25. No original em alemão: *Trieb*. Parece existir um jogo que pode ser expresso nas possíveis traduções como broto, rebento ou pulsão. [N. T.]

Stendhal". Gide sempre foi um grande aprendiz. Se observarmos mais de perto, isso talvez o tenha decisivamente poupado, de forma mais determinante, da influência estrangeira do que um obstinado recuo poderia ter feito. O mais "influenciado" é o inerte, ao passo que o aprendiz chega, mais cedo ou mais tarde, a apoderar-se do que na criação estranha lhe é útil, para incorporá-lo como técnica em sua obra. Nesse sentido existem poucos autores que mais tenham aprendido, com tanta dedicação, do que Gide. "Fui em cada direção que tomei até o mais extremo, para então com a mesma decisão tomar a direção oposta." Essa negação, em princípio, de toda boa medida,[26] essa confissão em favor dos extremos, o que é, senão a dialética, não como método de um intelecto, mas como sopro de vida e paixão desse homem. Gide não quer aparentemente me contradizer, quando aqui suponho o motivo de todos os mal-entendidos e certas inimizades que o atingem. Ele continua explicando: "Muitos têm por certo que não faço outra coisa do que desenhar a mim mesmo, e então quando meus livros põem em jogo as mais diferentes personagens, eles concluem com sua 'perspicácia': quão sem caráter, vacilante e não confiável esse autor deve ser".

"Integrar", essa é a paixão de Gide no pensar e no expor. O interesse crescente pela "natureza" — conhecido por muitos grandes autores como um direcionamento da vida na maturidade — significa para ele: o mundo também nos extremos é ainda completo, saudável e natural. E o que leva a esses extremos não é a curiosidade ou o entusiasmo apologético, mas um alto discernimento dialético.

---

26. No original em alemão: "*Die goldene Mitte*", expressão que significa meio termo, termo médio entre dois extremos. [N. T.]

CONVERSAÇÃO COM GIDE

Pode-se dizer sobre esse homem: ele seria o *"poète des cas exceptionnels"*, o poeta de casos excepcionais. Gide: *"Bien entendu*, é assim mesmo. Mas por quê? Nós encontramos dia a dia comportamentos e caráteres que através de sua mera existência tiram de circulação nossas velhas normas. Uma boa parte de nossas decisões, as mais banais ou as mais extraordinárias, escapam da avaliação ética tradicional. E por isso é necessário acolher primeiramente tais casos, com precisão, sem covardia ou cinismo". Qualquer coisa que Gide tenha escrito no estudo desses assuntos em romances como *Les faux-monnayeurs*,[27] em ensaios, em sua importante autobiografia *Si le grain ne meurt*,[28] seus inimigos lhe perdoariam, contando que nisso tivesse apenas aquela pequena dose de cinismo que sempre concilia tanto os *snobs* quanto os pequeno-burgueses sobre tudo. O que os exaspera não é o "imoral", mas a seriedade. Desta Gide é, contudo, inalienável, apesar de toda a malícia de sua conversação e de toda ironia soberana que emerge em *Prométhée mal enchaîné*,[29] em *Nourritures terrestres*[30] e em *Caves du Vatican*.[31] Ele é, como recentemente declarou Willy Haas,[32] nesse momento, o último francês da têmpera de Pascal. Na linhagem dos moralistas franceses que prossegue com La Bruyère, La Rochefoucauld, Vauvenargues, nenhum lhe é mais aparentado do que o próprio Pascal. Um homem a quem, no século XVII, teriam chamado de *"cas particulier"*, de doente, se a termi-

---

27. Em francês no original: *Os moedeiros falsos*. [N. T.]
28. Em francês no original: *Se o grão não morre*. [N. T.]
29. Em francês no original: *Prometeu mal acorrentado*. [N. T.]
30. Em francês no original: *Frutos da terra*. [N. T.]
31. Em francês no original: *Subterrâneos do Vaticano*. [N. T.]
32. Willy Haas (1891–1973), fundador da revista *Die Literarische Welt*, para a qual Benjamin escrevia. [N. O.]

nologia clínica superficial de nossa época fosse conhecida. É justamente por isso que Gide aparece, com Pascal, na linhagem dos grandes educadores da França. Para os alemães, fechados em si mesmos, recolhidos, encorujados, aquele sempre será o modelo, a figura educadora pura que põe em relevo o tipo alemão, como hoje Hofmannsthal e Borchardt tentam fazer. Para os franceses, entretanto, ricos em caráter popular e multiplamente diferenciados em ramificações genealógicas, padronizados em suas virtudes nacionais e literárias de maneira mais rígida e precária do que qualquer outro povo, o grande caso de exceção à moral esclarecida é a mais alta instância educadora. Este é Gide. Este semblante, no qual às vezes o grande poeta mais se esconde do que se revela, contrapõe, inabalavelmente, sua fronte[33] ameaçadoramente concentrada à indiferença moral e à suficiência branda.

---

33. O termo *front*, em francês no texto original, relacionado ao semblante de Gide, sugere uma fusão com a imagem inicial do texto com o forte ou fortaleza. Ao concluir com essa imagem, Benjamin utiliza a ambiguidade da palavra em francês que coincide em sentido no português: a fronte como testa e o fronte como fileira militar no campo de batalha. [N. T.]

A vocação de Gide[*]

Talvez esteja na hora de revisar, de uma vez por todas, o procedimento que nós cultivamos ao observar por ocasião de aniversários de pessoas vivas e de concebê-lo de forma um pouco mais razoável. Tempo de ativar algumas reflexões substanciais em vez daquelas "celebrações" em que o crítico apenas dá importância a si mesmo. Essas datas não têm mais sentido, caso se limitem a verificar a infância do homenageado, pensando na sua origem, colecionando os documentos de seus primeiros anos — suas primeiras brincadeiras e primeiros escritos —, apreendendo-o naquilo que ele tem de encantador, desconhecido e significativo. Em contrapartida, no que se refere a alguns dentre aqueles homenageados — os maiores —, seria também o caso de pensar na exposição de sua influência, ou seja, seus intuitos ou efeitos educacionais. Entretanto, o que nos possibilitou planejar celebrar o 60º aniversário de André Gide em novembro foi um raro feliz acaso: o fato de que assim como os traços de sua obra já estão anunciados nos pensamentos e experiências da mais remota juventude, a fidelidade às inspirações e destinos de sua juventude continua a exprimir-se na obra mais madura do poeta. Tal é o caso de Gide, para quem o fundamento do mundo in-

---

*. "Gides Berufung", in GS VII-1, p. 257–269. Tradução de Pedro Hussak e Carla Milani Damião. Programa de rádio transmitido em 31 de outubro de 1929. Seleção dos textos de Gide em traduções para o português, citados por Benjamin, de Carla Milani Damião. [N. O.]

DIÁRIO PARISIENSE E OUTROS ESCRITOS

telectual concentra-se, em uma miniatura infinitamente precisa, na figura de sua vocação. Como essa vocação aflora na sua infância remota, como ela não cessa de acompanhá-lo na juventude e na vida adulta: como ela nem sempre foi um grande e patético imperativo, mas frequentemente uma perigosa voz vagante do espírito da montanha vindo de maciços montanhosos labirínticos que o chamou; como seus escritos em toda sua perfeição nunca foram para ele uma propriedade, mas sim um fardo que ele descarregou para aumentar sua constante disposição, é isso que quero mostrar, retirando os seguintes trechos das suas mais variadas obras, de modo que, ao final, eles permaneçam na memória dos senhores como um texto unitário. De resto, os senhores perceberão nas passagens seguintes uma eminente sobriedade, que eu quase diria uma cautela. Gide desenvolve em seus escritos propriamente apenas uma coisa: a linha. E tanto a linha visível quanto a linha tátil. O que é raro em sua arte é que ela atinge a mais alta concreção sensível sem abandonar a plenitude do que é sensivelmente agradável e prazeroso. Daí a nobreza de seus escritos, pela qual ele dificilmente pode ser comparado com um autor vivo. A linguagem dos fragmentos que se seguem corresponde às linhas clássicas da paisagem na qual o falante Menalque[1] é pensado. Em um jardim sobre uma colina próxima a Florença, em frente à Fiesole, ele fala aos seus amigos. O drama espiritual que desenrola diante deles, veremos posteriormente desenvolver-se em uma paisagem palestina.

Vivia na perpétua espera, deliciosa, de um futuro qualquer. Ensinei a mim mesmo, como perguntas ante respostas à espera,

---

1. Personagem do livro de Gide, *O imoralista* (*L'immoraliste*), de 1902. [N. T.]

180

A VOCAÇÃO DE GIDE

que a sede de gozá-la, nascida em face de cada fonte me revelava uma sede, e que, no deserto sem água, onde a sede é insaciável, ainda preferisse o fervor de minha febre sob a exaltação do sol. Havia, à noite, oásis maravilhosos, mais frescos ainda por terem sido desejados durante o dia todo. Sobre a vastidão arenosa, acabrunhada ao sol e como um imenso sono — mas a tal ponto era grande o calor, e na própria vibração do ar — senti ainda a palpitação da vida, que não poderia adormecer, tremer de delíquio no horizonte, inchar de amor a meus pés.

Cada dia, de hora em hora, nada mais buscava senão a penetração cada vez mais simples da natureza. Possuía o dom precioso de não ser por demais entravado por mim mesmo. [...] Minha alma era o albergue aberto na encruzilhada; o que quisesse entrar, entrava. Fiz-me dútil, amigavelmente disponível por todos os meus sentidos, de ouvido atento a ponto de não ter mais *um* só pensamento pessoal, captador de toda emoção de passagem, e com reação tão mínima que nada mais considera mal, de preferência a protestar contra o que quer que fosse. Demais, observei muito breve em quão pouco ódio ao feio se alicerçava meu amor ao belo. [...]

Houve um tempo em que minha alegria se tornou tão grande que a quis comunicar, ensinar a alguém o que dentro de mim a fazia viver.

Ao cair da tarde, contemplava os lares, dispersos durante o dia, se reconstituírem em aldeias desconhecidas. O pai voltava, cansado do trabalho; as crianças retornavam da escola. A porta da casa entreabria-se um instante numa acolhida da luz, de calor e risos, e fechava-se depois para a noite. Nada mais das coisas vagabundas, do vento tremendo fora podia entrar. — Família, eu vos odeio! Lares fechados; portas cerradas; posses ciumentas da felicidade. — Invisível à noite, debrucei-me por vezes a uma janela, e fiquei durante muito tempo a olhar os hábitos da casa. O pai ali estava, perto da lâmpada; a mãe costurava; o lugar do avô permanecia vago; um menino perto do pai estudava; e meu coração encheu-se de desejo de levá-lo comigo pela estrada.

DIÁRIO PARISIENSE E OUTROS ESCRITOS

Vi-o no dia seguinte ao sair da escola; falei-lhe no outro dia; quatro dias depois ele abandonou tudo para me seguir. Abri-lhe os olhos diante do esplendor da planície; ele compreendeu que se oferecia a ele. Ensinei depois sua alma a tornar-se mais vagabunda, alegre enfim — e depois a desprender-se até de mim, a conhecer sua solidão.[2]

Aqui fazemos uma pausa. A partir deste ponto — a obra *Norritures terrestres*, da qual este trecho foi extraído, foi publicada em 1897 — nasceu, dez anos mais tarde, o escrito mais famoso de Gide: *A volta do filho pródigo*. Dele leio a última das cinco seções que compõem o livro. São os diálogos com o pai reconciliado, com o inflexível irmão mais velho e com a mãe misericordiosa. Lemos aqui a última conversa com o irmão mais novo, na tradução de Rilke, publicada na editora *Insel*. Tivemos, aliás, a sorte de possuir também ou de esperar os outros escritos de Gide em traduções felizes e de rara confiabilidade para o alemão. A obra completa, que foi empreendida pela *Deutschen Verlagsanstalt*, da qual foram extraídos todos trechos posteriores, está nas distintas mãos de Ferdinand Hardekopf.[3]

---

2. Walter Benjamin cita o excerto de Gide em tradução própria (cf. GS VII-2, p. 625). Nem sempre assim o faz, recorrendo a translações já existentes em alemão. Nessas ocasiões, utilizamos traduções brasileiras das obras de Gide. Os trechos citados nesta passagem são da obra *Os frutos da terra*, traduzida por Sérgio Milliet (São Paulo: Difusão Europeia do Livro, 1961, p. 49–50). No original não há a indicação de ruptura do texto, o que na presente tradução foi indicada pela utilização de colchetes. [N. T.]

3. As traduções utilizadas por Benjamin de Ferdinand Hardekopf são: André Gide, *Tagebuch der Falschmünzer*. Berlim: Leipzig, 1929, p. 90–93; e André Gide, *Stirb und Werde*. Berlim: Leipzig, 1930, p. 28–30. [N. T.]

A VOCAÇÃO DE GIDE

Ao lado de seu quarto há outro, também amplo e de paredes nuas. O pródigo, uma candeia à mão, por ele entra até o leito onde repousa o irmão mais novo, rosto voltado em direção à parede. Começa a falar em voz baixa para, se é que ele dorme, não lhe perturbar o sono.

— Meu irmão, quero falar-lhe.

— Pois fale, quem o impede?

— Pensei que você estava dormindo.

— Não é preciso dormir para sonhar.

— Ah! Estava sonhando; com quê?

— Não importa! Se eu próprio já não compreendo meus sonhos, não há de ser você agora quem me vai explicá-los.

— Serão tão sutis assim? Mas, me contando, talvez pudesse tentar.

— Você, por acaso, poderia escolher seus sonhos? Olha que os meus são como querem ser, mais livres do que eu... Que foi que veio fazer aqui? Por que perturbou meu sono?

— Você não estava dormindo, e vim falar-lhe com carinho.

— Que tem a dizer?

— Nada, se o toma nesse tom.

— Então, adeus.

O pródigo sai em direção à porta, mas apoia no chão a candeia que alumia debilmente o quarto, e, voltando, senta-se à beira da cama e afaga longamente, no escuro, a fronte do irmão, que está voltada contra ele.

O irmão rebelde ergueu-se de repente.

— Diga: foi o irmão quem o mandou?

— Não, menino; não foi ele, foi nossa mãe.

— Ah! Você não teria vindo por si mesmo.

— No entanto, eu venho como amigo.

Semierguido no leito, o menino encara fixamente o pródigo.

— Como um dos meus poderia ser meu amigo?

— Você se engana quanto a nosso irmão...

— Não me fale dele! Odeio-o!... Meu coração inteiro se impacienta contra ele. Por causa dele foi que lhe respondi asperamente.

— Como assim?

— Você não compreenderia.

— Fale, mesmo assim...

O pródigo aperta-o contra o peito e o irmão adolescente deixa abrir seu coração:

— Na noite em que você voltou, não consegui dormir. Fiquei o tempo todo pensando: Tinha outro irmão, e não sabia... Foi por isso que meu coração bateu mais forte, quando o vi avançar pelo pátio da casa, todo coberto de glória.

— Santo Deus! Eu vinha então coberto de andrajos.

— Sim, eu o vi, e o achei glorioso. E vi também o que fez o pai: pôs em seu dedo um anel, um anel que nem mesmo nosso irmão tem igual. Não quis perguntar nada a ninguém a seu respeito: sabia apenas que você vinha de muito longe, e seu olhar, à mesa...

— Então você estava no festim?

— Oh! Bem sei que não me reparou; durante o tempo todo do banquete olhava para longe, sem ver nada. Que fosse, na segunda noite, falar com o pai, ainda compreendo, mas que na terceira...

— Termine.

— Ah! Ao menos uma palavra de carinho bem me poderia ter dito!

— Você me esperava então?

— E como! Acha que eu odiaria assim nosso irmão se você não tivesse ido falar com ele e demorasse tanto aquela noite? Que poderiam dizer? Se você se parece comigo, bem sabe que nada tem em comum com ele.

— Cometi graves faltas contra nosso irmão.

— Será possível?

— Pelo menos para nosso pai e nossa mãe. Você sabe que eu fugi de casa.

A VOCAÇÃO DE GIDE

— Bem sei. Isto foi há muito tempo, não?

— Mais ou menos quando tinha sua idade.

— Ah!... É isso que você chama de erros?

— Sim, este foi meu erro, meu pecado.

— Quando você partiu, achou que procedia mal?

— Não; sentia-me como na obrigação de partir.

— Que aconteceu depois, para que sua verdade de então se transformasse em erro?

— Sofri muito.

— E é isto que o faz dizer: estava errado?

— Não, não é bem isso: foi isto que me fez refletir.

— Então não havia refletido antes?

— Havia, mas a debilidade de minha razão se deixava impor por meus desejos.

— Como mais tarde pelo sofrimento. De sorte que, hoje então, você volta... vencido?

— Não é bem assim: resignado.

— Ou seja, renunciou a ser como queria.

— Que meu orgulho me persuadiu a ser.

O menino permanece um instante em silêncio, depois de súbito soluça e exclama:

— Irmão! Eu sou igual a você quando partiu. Oh! Diga-me: só encontrou decepções pelo caminho? Tudo o que pressinto existir lá fora, diferente daqui, não passa de miragem? Tudo o que sinto em mim de novo não é mais que fantasia? Fale: que havia de desesperador em seu caminho? Oh! Que foi que o fez regressar?

— Perdi a liberdade que buscava; cativo, fui obrigado a servir.

— Aqui eu me sinto cativo.

— Sim, mas tive que servir a maus senhores; aqui, pelo menos, servimos nossos pais.

— Ah! Servir por servir, não se tem pelo menos a liberdade de escolher a servidão?

— Eu achava que sim. Tão longe quanto puderam ir meus pés, como Saul a buscar jumentas, andei a perseguir o meu desejo; mas, onde esperava um reino, só encontrei miséria. Contudo...

— Não se enganou de caminho?

— Fui caminhando sempre em frente.

— Tem certeza? Todavia, há outros reinos, ainda, e terras sem rei, a serem descobertas.

— Quem lhe disse?

— Eu sei. Pressinto. Parece até que já as conquistei.

— Orgulhoso!

— Ah! Ah! Foi isso o que nosso irmão lhe disse. Por que me vem agora repeti-lo? Por que não conservou esse orgulho? Decerto não teria regressado.

— E assim não o teria conhecido.

— Teria, sim; lá, onde iria a seu encontro, decerto me reconheceria como irmão; mesmo agora, parece-me que é para encontrá-lo que eu sigo.

— Segue?

— Não percebeu? Não me encoraja igualmente a partir?

— Quisera poupar-lhe o retorno, dissuadindo-o da partida.

— Não, não, não me diga isto; não é isto que me quer dizer. Foi como um conquistador que você também partiu.

— E foi isso que me fez sentir ainda mais a servidão.

— Então, para que submeter-se? Já estava assim tão fatigado?

— Não, ainda não; mas tive dúvidas.

— Que quer dizer?

— Duvidava de tudo, de mim mesmo; quis parar, fixar-me enfim em qualquer parte; o conforto que esse patrão me prometia acabou tentando-me... sim, sinto-o perfeitamente agora: fracassei.

O pródigo inclina a cabeça e oculta os olhos com a mão.

— Mas, e a princípio?

— Caminhei por muito tempo pela imensa terra inóspita.

— O deserto?

— Nem sempre era deserto.

A VOCAÇÃO DE GIDE

— E que buscava?

— Eu próprio não sei bem.

— Levante-se da cama. Olhe o que está ali na mesa-de-cabeceira, junto a esse livro em frangalhos.

— Uma romã partida.

— Foi o tratador de porcos que a trouxe numa tarde, depois de passar três dias fora.

— Sim, é uma romã silvestre.

— Bem sei; é de uma acidez quase insuportável; sinto, no entanto, que a morderia, se estivesse com bastante sede.

— Ah! Agora eu lhe posso dizer: foi essa sede que eu buscava no deserto.

— Uma sede que só este fruto amargo consegue aplacar...

— Não: mas nos faz amar essa sede.

— Sabe onde colhê-lo?

— Num pequeno pomar abandonado, aonde se chega quase ao anoitecer. Já nenhum muro o separa do deserto. Ali corria um regato; alguns frutos, quase maduros, pendiam das ramagens.

— Que frutos?

— Os mesmos de nosso pomar, porém silvestres. Fizera calor o dia inteiro.

— Ouça; sabe por que o esperava esta noite? É que partirei esta noite. Hoje, de madrugada, ao clarear... Estou disposto a tudo e já tenho as sandálias calçadas.

— Como! Pensa em fazer o que eu não consegui?...

— Você me abriu o caminho, e me sustentarei de pensar em você.

— E eu em admirá-lo; mas trate de esquecer-me, em vez disso. Que vai levar daqui?

— Bem sabe que, sendo o último, não tenho direito à partilha. Vou sem levar nada.

— É melhor.

— Que está olhando pela janela?

— O horto onde repousam nossos mortos.

DIÁRIO PARISIENSE E OUTROS ESCRITOS

— Irmão... (e o menino, erguendo-se do leito, passa o braço em torno do pescoço do pródigo, num gesto que se faz tão doce quanto sua voz) — Venha comigo.

— Deixe-me! Deixe-me! Ficarei para consolar nossa mãe. Sem mim, você será mais corajoso. A hora está chegando. O céu empalidece. Parta sem ruído. Vamos! Abrace-me, meu caro irmão, você leva todas as minhas esperanças. Tenha força: esqueça-nos: esqueça-me. Que você possa nunca mais voltar... Saia sem ruído. Eu seguro a candeia...

— Ah! Dê-me a mão até a porta.

— Cuidado com os degraus do patamar...[4]

Se por ora retomamos o trecho interrompido há pouco, podemos entender completamente quais são os desejos com os quais o Gide de quarenta anos de idade acompanha esse irmão mais novo em seu caminho. É como se ele falasse, em seu nome, desta peregrinação na qual se realizou o que o irmão perdido procurara em vão.

Sozinho, saboreei a alegria violenta do orgulho. Gostava de levantar-me antes da alvorada; chamava o sol por cima das choças; o canto da cotovia era minha fantasia e o orvalho minha loção da aurora. Comprazia-me com exageradas frugalidades, tão pouco comendo que minha cabeça se fazia leve e toda sensação se me tornava uma espécie de embriaguez. Muitos vinhos bebi depois, mas nenhum me dava, bem o sei, esse aturdimento do jejum, essa vacilação da planície na madrugada, antes que, em chegando o sol, eu dormisse no fundo de um monte de feno.

O pão que levava comigo, guardava-o por vezes até o semi-desfalecimento; parecia-me então sentir menos estranhamente a natureza e que ela me penetrava melhor; era um afluxo de

---

4. A tradução utilizada por Benjamin da obra *A volta do filho pródigo* é de Rainer Maria Rilke (Leipzig, 1914, p. 30–38). Utilizamos a tradução brasileira de Ivo Barroso (Rio de Janeiro: Editora Nova Fronteira, 1984, p. 165–172). [N. T.]

A VOCAÇÃO DE GIDE

fora; com todos os meus sentidos abertos acolhia-lhe a presença; tudo em mim a isso o convidava.

Minha alma enchia-se enfim de lirismo, que minha solidão exasperava e que me afadigava à tarde. Sustentava-me por orgulho, mas lamentava então a ausência de Hilaire que no ano anterior me desviava de tudo o que meu humor tinha de demasiado selvagem.

Com ele falava, ao chegar à tarde. Ele próprio era poeta, compreendia todas as harmonias. Cada efeito natural se nos tornava como uma linguagem aberta em que se lhe podia ler a causa; aprendíamos a conhecer os insetos pelo voo, os pássaros pelo canto, e a beleza das mulheres pelas marcas dos pés na areia. [...] Aspirando tudo com delícia, em vão procurávamos cansar nossos desejos; cada um de nossos pensamentos era um fervor [...].[5]

Paramos aqui, porque aqui adicionamos a notável frase de Gide que diz: "A melancolia não é senão um fervor que descaiu".[6] Essa frase evoca a lembrança da mais surpreendente personagem que, no momento da peripécia, avança sobre o palco do drama existencial de Gide. Trata-se de Satã que subitamente aparece em frente dele com a voz do anjo da vocação. Certamente não um Satã como o tentador da carne, mas como príncipe da tristeza, como o belo demônio que olha profundamente na alma, segredando as três grandes promessas enganosas: a ilimitada liberdade, a ilimitada profundeza, a ilimitada espiritualidade. Na existência de Gide, ele carregou os traços de Oscar Wilde. Reiteradamente, da sua bela contribuição em *In memoriam Oscar Wilde*, depois em *Pretextes*

---

5. A tradução de *Os frutos da terra*, no original, é de Benjamin. Utilizamos a tradução de Sérgio Milliet, p. 50–51. [N. T.]

6. Segundo a tradução de Sérgio Milliet de *Os frutos da terra*, p. 18. [N. T.]

DIÁRIO PARISIENSE E OUTROS ESCRITOS

e finalmente ainda na autobiografia *Se o grão não morre*, Gide procurou apanhar este instante decisivo da sua vida: a aparição de Oscar Wilde. Sem que o seu nome apareça, é sem dúvida também Wilde o parceiro do diálogo a seguir, que nós retomamos do *Diário dos moedeiros falsos*.

— Mas agora que estamos sozinhos, diga-me, por favor, de onde vem essa estranha necessidade de acreditar que há perigo ou pecado em tudo aquilo que você vai empreender?

— Pouco importa; o importante é que isso não me retenha.

— Durante muito tempo achei que era apenas um resto de sua educação puritana; mas agora comecei a achar que é preciso ver nisso um não sei o quê de byronismo... Oh! Não proteste: sei que você tem horror ào romantismo: pelo menos você o diz; mas você tem amor pelo drama...

— Tenho amor pela vida. Se busco o perigo, é com a confiança, a certeza de que irei triunfar. Quanto ao pecado... o que me atrai nele... oh! Não creia que é esse refinamento que fazia a italiana dizer sobre o sorvete que degustava: '*Peccato che non sai um peccato*'. Não, talvez seja antes o desprezo, a raiva, o horror de tudo aquilo que eu chamava de virtude em minha juventude; é também que... como dizer-lhe... não faz muito tempo que compreendi... é que tenho o diabo no meu jogo.

— Nunca pude entender, confesso-lhe, o interesse que havia em acreditar no pecado, no inferno ou em diabruras.

— Permita; permita; mas eu também não, não acredito nele, no diabo; somente, e aí está o que me dilacera, enquanto não se pode servir a Deus senão acreditando n'Ele, o diabo não tem necessidade que se acredite nele para servi-lo. Ao contrário, nunca o servimos tão bem quanto ignorando-o. Ele tem sempre interesse em não se deixar conhecer; e é isso, já lhe disse, que me dilacera: é pensar que, quanto menos acredito nele, mais eu o reforço.

Dilacera-me, compreenda-me bem, pensar que é precisamente isso que ele deseja: que não se creia nele. Ele sabe bem

A VOCAÇÃO DE GIDE

como fazer, vá, para insinuar-se em nossos corações, onde só pode entrar se de início não for percebido.

Refleti muito sobre isso, garanto-lhe. Evidentemente, e apesar de tudo que acabei de dizer, em perfeita sinceridade, não acredito no demônio. Tomo tudo que diz respeito a isso como uma simplificação pueril e explicação aparente de certos problemas psicológicos — aos quais repugna minha mente dar outras soluções senão as perfeitamente naturais, científicas, racionais. Mas, de novo, o próprio diabo não falaria de outro modo; ele está exultante; sabe como atrás dessas explicações racionais, que o relegam ao rol das hipóteses gratuitas. Satã ou a hipótese gratuita; isso deve ser seu pseudônimo preferido. Pois bem, apesar de tudo o que lhe digo a respeito, apesar de tudo o que penso e que não lhe digo, uma coisa é certa: a partir do instante em que admito sua existência, — e isso me acontece apesar de tudo, ainda que fosse por um instante, às vezes — desde esse instante, parece-me que tudo fica claro, que compreendo tudo; parece-me que, de repente, descubro a explicação de minha vida, de todo o inexplicável, de todo o incompreensível, de toda a sombra de minha vida. Gostaria de escrever um dia uma... oh! Não sei como dizer — isso se apresenta à minha mente sob uma forma de diálogo, mas haveria algo mais... enfim, isso talvez se chamasse: "Conversa com o diabo" — e você sabe como começaria? Encontrei a primeira frase; a primeira a pôr em sua boca, entenda; mas para encontrar essa frase é preciso já conhecê-lo muito bem... eu o faria dizer no início: — *Por que me temerias? Sabes bem que eu não existo.* Sim, creio que é isso. Isso resume tudo: é dessa crença na não existência do diabo que... Mas fale um pouco: preciso que me interrompam.

— Não sei o que lhe dizer. Você está me falando de coisas nas quais percebo nunca ter pensado. Mas não posso esquecer que muitas mentes, que considero como grandes, acreditam na existência do diabo, em seu papel — e até atribuindo-lhe a melhor parte. Você sabe o que dizia Goethe? Que o poder de

DIÁRIO PARISIENSE E OUTROS ESCRITOS

um homem e sua força de predestinação eram reconhecíveis por aquilo que carregassem em si de demoníaco.

— Sim, já me falaram dessa frase; você deveria reencontrá-la para mim.[7]

Wilde amava definir-se como um grego póstumo. O distinto comentador de Gide, Du Bos, disse: "Gide é um grego póstumo em um sentido muito diferente daquele de Wilde. O helenismo de Gide nasce na estufa de Argel (em Argel ocorreram os encontros decisivos com Wilde), seu helenismo é produto de uma cultura extremamente intensa". Entretanto, não se pode desconhecer um duplo efeito: na atividade artística e no gênio pedagógico do humano. Há artistas, de quem a todo instante esquecemos, com cujas obras temos que lidar com a arte. E não é necessário que entre em jogo aqui nenhuma ilusão. Podemos ler *Os demônios* de Dostoiévski e ter a consciência de que nos aprofundamos em um romance. Ainda assim, não nos ocorre que ele o teria escrito como artista. Trata-se disso: Dostoiévski escreveu o livro, e para nós ele é arte. No caso de Gide, ao contrário, não há nenhuma linha da qual não tenhamos o sentimento imperativo de que ele a tenha escrito como artista. Daí, se podemos dizer assim, surge o particular charme grego. Pois aquela aura incolor, sem luz e sem calor no seu jogo de formas mais inexprimível e que resplandece em torno da obra de arte é de tipo grego, como é grega também, como dissemos, a atitude fundamentalmente pedagógica de seu espírito. Como sempre, para ele, toda propriedade interna e externa era boa apenas para desfazer-se dela, assim ele

---

7. André Gide, "Identificação do demônio". In: *Diário dos moedeiros falsos*. Tradução de Mário Laranjeira. São Paulo: Estação Liberdade, 2009, p. 135–139. [N. T.]

A VOCAÇÃO DE GIDE

inculca tal atitude também aos jovens, mesmo que aquilo do que fogem seja o próprio Gide. Isso não significa que os melhores deles não o tenham cortejado. Quando os surrealistas fundaram sua primeira revista, *Littérature*, chamaram apenas Gide dentre todos os expoentes da geração mais velha. E ele não pôde dar-lhes nada de melhor do que sua rigorosa e descompromissada modelagem da sua experiência juvenil. Ele fez isso no seu último grande romance, *Os moedeiros falsos*. O capítulo sobre "Bernardo e o anjo", em nosso contexto, é o que melhor representaria essa obra. Nós queremos, entretanto, como conclusão, retornar, como o próprio Gide o fez há alguns anos, à sua juventude. Certamente, o grande poeta André Gide mostrou-se como o grande homem, muito mais tarde, ao menos ele tornou-se perceptível a si mesmo muito tarde.[8] Em lugar nenhum, ele aparece em sua grande obra autobiográfica como um garoto prodígio. Mas é magnífico como, em muitas passagens, e mais notadamente nas que se seguem, ele soube fixar os chamamentos decisivos que ressoam em toda infância na decisão de segui-los e apenas por isso permanecem na memória.

Eu já estava deitado, mas um rumor singular, um frêmito de alto a baixo, pela casa, unidos a ondas harmoniosas, me impediam o sono. Sem dúvida, durante o dia, eu observara os preparativos. Sem dúvida me teriam dito que haveria um baile nessa noite. Mas um baile, sabia eu o que era isso? Não lhe tinha dado importância e deitara-me como nas outras noites. Mas agora havia aquele rumor... Presto atenção; procuro surpreender algum ruído mais distinto, compreender o que se passa. Apuro o ouvido. Por fim, não podendo mais, levanto-me, saio

---

8. Benjamin provavelmente refere-se aqui à escrita autobiográfica de Gide como revelação de si e revelação de sua homossexualidade ao grande público. [N. T.]

do quarto, avanço às apalpadelas pelo corredor escuro e, descalço, alcanço a escada cheia de luz. Meu quarto é no terceiro andar. As ondas de som sobem do primeiro; é preciso ir ver; e à medida que, de degrau em degrau, me aproximo, distingo ruídos de vozes, frufru de fazendas, cochichos e risos. Nada apresenta o ar costumeiro; parece-me que de repente vou ser iniciado numa outra vida, misteriosa, diferentemente real, mais brilhante e mais patética, e que somente começa quando as crianças pequenas estão deitadas. Os corredores do segundo andar, todos cheios de noite, estão desertos; a festa é embaixo. Continuo a descer? Vão ver-me. Vão castigar-me por não estar dormindo, por ter visto. Enfio a cabeça entre os gradis da rampa. Precisamente quando chegam os convidados, um militar uniformizado, uma senhora cheia de fitas, sedas, com um leque na mão, o criado, meu amigo Victor, que a princípio não reconheço por causa dos calções e das meias brancas, posta-se diante da porta aberta do primeiro salão para anunciá-los. De súbito alguém salta para mim: é Marie, minha ama que, como eu, procurava ver, escondida um pouco mais abaixo no primeiro ângulo da escada. Ela me toma nos braços; de início penso que vai levar-me de volta para o meu quarto; mas não, ao contrário, ela quer descer-me para o lugar onde estava, de onde o olhara apanha uma nesga da festa. Agora ouço perfeitamente bem a música. Ao som dos instrumentos que não posso ver, cavalheiros giram senhoras ataviadas e todas são mais belas que comumente. A música cessa; os dançarinos param; e o ruído das vozes substitui o dos instrumentos. Minha ama vai reconduzir-me ao quarto; mas nesse momento uma das belas senhoras, que estava em pé, apoiada junto à porta se abanando, enxerga-me. Ela corre para mim, beija-me e ri porque eu não a reconhecia. É evidentemente aquela amiga de mamãe, que vi hoje de manhã; mas assim mesmo não estou certo de que seja mesmo ela, realmente ela. E quando me reencontro na minha cama, tenho as ideias embaralhadas e penso, confusamente, an-

A VOCAÇÃO DE GIDE

tes de mergulhar no sono: existe a realidade e existem sonhos; e depois existe *uma segunda realidade*.[9]

Há uma palavra de Sainte-Beuve que é como uma profecia metafórica a André Gide. Ele falou certa vez da diferença entre a *intelligence glaive* e a *intelligence miroir*, a inteligência da espada e a inteligência do espelho. Gide mostra ambas em sua unidade perfeita. O Eu é a sua espada, e seu escudo é tão brilhante que sobre ele aparece o mundo inteiro, como no escudo de Aquiles.

---

9. Benjamin cita a tradução de Ferdinand Hardekopf. Utilizamos a seguinte edição como referência: André Gide, *Se o grão não morre*. Tradução de Hamilcar de Garcia. Rio de Janeiro: Nova Fronteira, 1982, p. 20–22. [N. T.]

Édipo ou o mito racional[*]

Deve ter sido logo após a guerra que se ouviu falar sobre o experimento teatral inglês "Hamlet de casaca".[1] Naquela época, debateu-se muito sobre essa experimentação. Talvez aqui fosse suficiente notar o paradoxo de que a peça seja excessivamente moderna para ser modernizada. Inquestionavelmente, houve épocas em que se podia empreender coisas semelhantes sem com isso ter objetivos conscientes em mente. Sabe-se que nas peças de Mistérios da Idade Média,[2] assim como nas pinturas de seu tempo, as personagens entravam em cena com figurinos de época. Mas é certo que o mesmo procedimento, hoje, deva provir da mais precisa reflexão artística para ser mais do que uma brincadeira esnobe. Na verdade, pôde-se agora acompanhar como nos últimos anos grandes artistas — ou ao menos reflexivos — aplicaram tais "modernizações" tão bem na poesia quanto na música e na pintura. À tendên-

---

[*]. "Oedipus oder Der vernünftige Mythos", in GS II, p. 391–395. Tradução de Pedro Hussak e Carla Milani Damião. Ensaio escrito por Benjamin em abril ou maio de 1932 para o programa de encenação da peça "Œdipe", de Gide, em Darmstadt, sob a direção de Gustav Hartung, em junho do mesmo ano (cf. GS II, p. 1147–1148). Publicado em *Blätter des hessischen Landtheaters*, em abril de 1932. [N. O.]

1. "Hamlet im Frak": encenada pela primeira vez em Viena, em 1926. [N. O.]

2. As peças de Mistério eram um tipo de drama muito comuns na Idade Média, ao lado das peças de milagres e moralidades. As peças normalmente eram baseadas em temas bíblicos. [N. O.]

cia representada pelas pinturas de Picasso por volta de 1927, pelo *Oedipus Rex* de Stravinsky e por Cocteau com *Orfeu* deu-se o nome de neoclassicismo. Porém, não colocamos esse nome aqui para associar Gide a essa tendência (contra a qual ele teria com razão protestado), mas sim para indicar como os mais diferentes artistas chegaram a, justamente em relação aos gregos, despi-los[3] das suas roupas tradicionais, ou, se quisermos, transvesti-los[4] no sentido de colocar neles roupas atuais. Primeiramente, podiam iludir-se sobre a vantagem de obter para suas experimentações objetos conhecidos para a sua audiência, porém distantes da esfera temática atual. Pois, trata-se expressamente, em todos esses casos, de experimentações de caráter construtivo, em certa medida, de obras de estúdio. Em segundo lugar, nada poderia interessar mais ao propósito construtivista do que concorrer com as obras dos gregos,[5] cuja legitimidade perdura através dos séculos como cânone do natural e do orgânico. E, em terceiro lugar, estava em jogo o intento, secreto ou público, de fazer uma genuína prova histórico-filosófica da eternidade dos gregos — quer dizer, da sua atualidade reiteradamente confirmada. Com essa terceira consideração, entretanto, o observador já se encontra no cerne da última obra de André Gide.[6] Em todo caso, logo ele perceberá que no ambiente deste Édipo a obra ganha sua peculiaridade. Nela fala-se do domingo, do recalque, de Lorena, dos *décadents* e das vestais. O poeta torna impossível ao seu

---

3. No original em alemão: *Entkleidung*. [N. T.]

4. No original em alemão: *Verkleidung*. [N. T.]

5. No original em alemão: *Griechentum*. [N. T.]

6. André Gide, *Œdipe*. Paris: Pléiade, 1931. Benjamin se refere à tradução alemã de Ernst Robert Curtius, *Oedipus oder Der vernünftige Mythos*, que foi publicada no mesmo ano. [N. T.]

ÉDIPO OU O MITO RACIONAL

público agarrar qualquer detalhe do local ou da situação; ele retira-lhe até a ilusão, chamando logo nas primeiras palavras o palco pelo seu nome. Em suma, quem quiser segui-lo deve "lançar-se na água", pegar as cristas e os vales da onda como vierem do mar das sagas em movimento há dois mil anos, deixando-se levar e deixando-se cair. Apenas assim sentirá o que esta cultura grega pode ser para ele, ou ele para ela. E o que isso significa? Que isso se pode encontrar no próprio Édipo, e, de todas as profundas alterações de significação ou de encenação que a saga experimenta em Gide, esta é a mais intrigante de todas: "Mas eu entendo, sozinho entendi, que a única senha, com a qual alguém poderia salvar-se das garras[7] da Esfinge, chama-se 'homem'. Embora certa coragem fosse necessária para pronunciar essa palavra, eu já a tinha em prontidão antes que tivesse escutado o enigma, e minha força reside no fato de que não quis saber de nenhuma outra resposta, qualquer que fosse a pergunta."[8]

Édipo conhecia antecipadamente a palavra que quebraria o poder da Esfinge, assim como Gide também conhecia antecipadamente a palavra que esvaneceu o horror da tragédia de Sófocles. Há mais de doze anos foram publicadas suas "Reflexões sobre a mitologia grega", e lá consta: "'Como foi possível acreditar nisso?' exclama Voltaire. E, contudo, em primeiro lugar, é à razão — e somente à razão — que cada mito volta-se, e ninguém terá compreendido nada desse mito enquanto a razão primeiramente não o admitir. A saga grega é fundamentalmente racional e precisamente por isso pode-se dizer, sem ser

---

7. As traduções do texto de Gide foram feitas por Benjamin, que as "dramatiza" neste caso, ao dizer "garras da Esfinge"; no original apenas "da Esfinge". [N. O.]

8. André Gide, *Oedipus oder Der vernünftige Mythos*, p. 62. [N. T.]

um mau Cristão, que ela é muito mais fácil de compreender do que o ensinamento de Paulo."[9] Bem entendido: em parte alguma o poeta afirma que a *ratio* teceu a saga grega, tampouco que o sentido grego do mito repousou apenas nela. O mais importante antes consiste em saber como o sentido atual ganha distância do antigo sentido e como essa distância do antigo significado é apenas uma nova aproximação da própria saga, a partir da qual o novo sentido oferece-se inesgotavelmente sempre para novas descobertas. Eis porque a saga grega é como o cântaro de Filémon, "que nenhuma sede esvazia quando se bebe em companhia de Júpiter".[10] O momento certo é também um Júpiter, e, por conseguinte, o neoclassicismo hoje pode descobrir na saga aquilo que nela ainda não havia sido encontrado: a construção, a lógica, a razão.

Paremos aqui para nos permitir um contra-argumento de que, em vez de explicação, um paradoxo verdadeiramente vertiginoso surgiu. É no lugar onde ficava o palácio de Édipo — a casa que, como nenhuma outra, foi rodeada pela noite e pela escuridão, pelo incesto, parricídio, fatalidade e culpa — que se deve erguer hoje o templo da deusa da Razão? Como é possível? O que aconteceu a Édipo nos vinte e três séculos, desde que Sófocles colocou-o primeiramente no palco grego até os dias atuais, quando Gide apresenta-o de novo no palco francês? Pouco. E o que resultou desse pouco? Muito. *Édipo ganhou a fala*. Pois o

---

9. "'Comment a-t-on pu croire à cela?', s'écrie Voltaire. Et pourtant chaque mythe, c'est à la raison d'abord et seulement qu'il s'adresse, et l'on n'a rien compris à ce mythe pendant que ne l'admet pas d'abord la raison." André Gide. *Incidences*. Paris: *Nouvelle Revue Française*, 1924, p. 62. [N. T.]

10. A história de Filémon aparece em *Metamorfoses*, de Ovídio. [N. O.]

ÉDIPO OU O MITO RACIONAL

Édipo de Sófocles é mudo, ou quase mudo. Cão rastreador de seu próprio rastro, urrando em consequência dos maus tratos cometidos por suas próprias mãos, ele não encontra nenhum lugar em sua fala para pensar, para refletir: muito embora Édipo seja insaciável em pronunciar sempre, repetidamente, o terrível.

> Geraste-me, conúbio, e germinaste,
> Semeando o mesmo sêmen. Revelaste
> pais, irmãos, filhos
>   [— tribo homossanguínea —,
> fêmeas, mulheres-mães, o quanto houver
> de mais abominável entre os homens.
> (versos 1404–1408, p. 105–106)[11]

Mas é justamente esta fala que faz calar seu interior, e da mesma maneira ele gostaria de ser semelhante à noite:

> Impossível! Pudesse pôr no ouvido
> Lacre auditivo, e eu não hesitaria
> em isolar meu pobre corpo: surdo,
> além de cego.
> (versos 1386–1389, p. 105)[12]

---

11. Adotamos a tradução brasileira feita diretamente do grego por Trajano Vieira da tragédia de Sófocles, *Édipo Rei* (São Paulo: Perspectiva, 2001). O original em alemão, citado por Benjamin, é uma tradução de Hölderlin: "O Ehe, Ehe!/ Du pflanztest mich. Und da du mich gepflanzt,/ So sandtest du denselben Saamen aus,/ Und zeigtest Väter, Brüder, Kinder, ein/ Verwandtes Blut, und Jungfraun, Weiber, Mütter,/ Und was nur schändlichstes entstehet unter Menschen!" [N. T.]

12. Na tradução de Hölderlin citada por Benjamin: "Sondern wäre für den Quell,/ Der in dem Ohre tönt, ein Schloß, ich hielt es nicht,/ Ich schlösse meinen müheseelgen Leib,/ Daß blind ich wär' und taub." [N. T.]

DIÁRIO PARISIENSE E OUTROS ESCRITOS

E como ele poderia não emudecer? Como o pensamento poderia desfazer o emaranhado que torna completamente impossível de decidir aquilo que o destrói: o próprio crime, a sentença do oráculo de Apolo ou a maldição que ele mesmo roga para o assassino de Laio? Aliás, essa mudez não apenas caracteriza Édipo como também em geral os heróis da tragédia grega. Eis porque os modernos pesquisadores continuam a deter-se nela. "O herói trágico tem apenas uma linguagem que lhe corresponde perfeitamente: o silêncio."[13] Ou citando outro autor: "Os heróis trágicos falam, de certo modo, mais superficialmente do que atuam."[14] Ou um terceiro: "na tragédia o pagão dá-se conta de que ele é melhor que seus deuses, mas esse reconhecimento rouba-lhe a linguagem, ela permanece abafada. Sem declarar-se, ela tenta secretamente reunir seu poder... não está em questão que 'a ordenação moral do mundo' seja restaurada, mas sim que o homem moral queira erguer-se ainda mudo, ainda na menoridade[15] — enquanto tal ele é chamado herói — no estremecimento daquele mundo pleno de sofrimentos. O paradoxo do nascimento do gênio na mudez moral, na infantilidade moral é o sublime da tragédia."[16]

---

13. Franz Rosenzweig. *Der Stern der Erlösung*, vol. 1. Edição de Karl Schlechta. Munique: Hanser, 1954, p. 81. [N. O.]

14. Friedrich Nietzsche. *Die Geburt der Tragödie*, 17. Werke in drei Bänden. Edição de Karl Schlechta, vol. 1. Munique: Hanser, 1954, p. 94. [N. O.]

15. No original em alemão: *unmündig* (literalmente "sem boca"), que significa menor de idade, aquele que ainda não pode exercer diretamente atos da vida civil, moral ou juridicamente falar e responder por si. [N. T.]

16. Cf. Walter Benjamin, "Schicksal und Charakter" [Destino e Caráter], publicado em 1921 (GS II, p. 175); autocitação que faz também em *Ursprung des deutschen Trauerspiels*, de 1928 (GS I, p. 288–289),

ÉDIPO OU O MITO RACIONAL

É apenas a partir daqui que se consegue reconhecer a ousadia da tentativa de dotar o herói da tragédia com a fala. Aqui entra em cena o que as grandiosas palavras têm a dizer sobre o "destino" que o poeta escreveu no contexto já mencionado muito antes de ele tê-las realizado no "Édipo": "com essa palavra repugnante atribui-se muito mais ao acaso do que lhe convém, sua trapaça brota em toda parte em que se renuncia a um esclarecimento. Porém, afirmo que quanto mais se repele o destino na saga, tanto mais instrutiva ela se torna."[17] No final do segundo ato no drama de Sófocles (que possui cinco atos ao todo), o papel do vidente Tirésias é encerrado. Édipo necessitou de dois mil anos para, através de Gide, enfrentá-lo no grande debate no qual declara o que em Sófocles nunca teria arriscado pensar. "Este crime Deus impôs a mim. Ele o escondeu em meu caminho. Ainda antes de meu nascimento, a armadilha estava posta, sobre a qual deveria tropeçar, pois ou seu oráculo mentia, ou eu não podia salvar-me. Eu estava cercado."[18]

Graças a tal superioridade involuntária do herói, o drama satírico em Gide estabelece-se no próprio lugar, ou ao menos nos arredores, do antigo horror, como transparece nas palavras de Creonte e de vez em quando também nas do coro. Essas nunca foram tão superiores do que na lição que Édipo dá às crianças, cuja conversa ele escutava. Um frequentador assíduo da *Rotonde*[19] não poderia ter se expressado de forma mais desinibida a respeito da per-

---

na tradução brasileira de Sérgio Paulo Rouanet, *Origem do drama barroco alemão*. São Paulo: Brasiliense, 1984, p. 132–133. [N. T.]

17. Gide, *Incidences*, p. 81. [N. T.]

18. Gide, *Oedipus oder Der vernünftige Mythos*, p. 81. [N. T.]

19. La Rotonde era um café de Montparnasse frequentado por artistas e intelectuais nos anos 1920 e 1930. [N. O.]

DIÁRIO PARISIENSE E OUTROS ESCRITOS

gunta. É como se, diante dele, nas inextricáveis relações de sua casa, todas as misérias domésticas da pequena-burguesia (aumentadas enormemente) fossem encontradas. Édipo vira-lhes as costas para seguir os rastros dos emancipados que tomaram a dianteira: o irmão mais novo do *Filho pródigo* e o andarilho de *Frutos da terra*.[20] Édipo é o mais velho dos grandes que partem, que receberam o aceno daquele que escreveu: *"Il faut toujours sortir n'importe d'où"*.[21]

---

20. Dois romances de André Gide, respectivamente: *Le retour de l'enfant prodigue*, de 1907; e *Nourritures terrestres*, de 1897. Cf. Nota dos editores, GS II, p. 1149. [N. O.]

21. Em francês no original: "é preciso sempre partir, não importa de onde". Benjamin cita aqui imprecisamente, talvez de memória, uma frase do prefácio de *Les nourritures terrestres*, que seria: "Et quand tu m'auras lu, jette ce livre — et sors. Je voudrais qu'il t'eût donné le désir de sortir — sortir de n'importe où". Cf. Nota dos editores, GS II, p. 1149. [N. T.]

Cartas parisienses

Carta parisiense 1
*André Gide e seu novo adversário**

Uma memorável frase de Renan: "Somente aquele que pode ter certeza de que o que ele escreve permanece sem efeito possui liberdade de pensamento". Assim citou Gide. Se essa frase procede, o autor de *Nouvelles pages de journal*[1] dispõe de tão pouca liberdade de pensamento quanto seu oponente Thierry Maulnier.[2] Ambos sabem claramente quais são os efeitos de sua escrita e escrevem para provocar efeitos. Se dedicamos-lhes o mesmo interesse, justificamos em fazê-lo menos pela importância do mais jovem do que pela decisão pela qual ele ocupou seu lugar em relação a um Gide e contra ele. No momento em que Gide adere ao comunismo, ele passa a ter que lidar com os fascistas.

Não que outros já não tivessem questionado Gide. Seu caminho foi seguido atentamente desde 1897, quando, em um famoso artigo escrito no *Ermitage*, ele opôs-se a Barrès, que se colocou àquela época, com as *Déracinés*, a

---

*. "Pariser Brief 1. André Gide und sein neuer Gegner", in GS III, p. 482–495. Tradução de Carla Milani Damião e Pedro Hussak. Publicada originalmente na revista *Das Wort* em novembro de 1936. [N. O.]

1. André Gide. *Nouvelles pages de journal (1931–1935)*. Paris: Gallimard, 1936. [N. de W.B.]

2. Thierry Maulnier. *Mythes socialistes*. Paris: Gallimard, 1936. [N. de W.B.]

serviço do nacionalismo.[3] Mais tarde, o desenvolvimento religioso do Gide protestante foi literariamente seguido e precisamente por ninguém menos do que seu amigo, o crítico católico Charles Du Bos. O fato de que o *Corydon* de Gide, que apresenta a pederastia em suas condições e analogias históricas naturais, produza uma tempestade não é difícil de entender. Em 1931, em torno dos 60 anos, Gide estava acostumado a ser contestado quando ele descreveu seu caminho para o comunismo no primeiro volume de seus *Diários*.

A literatura burguesa reagiu a esse volume com uma profusão de glosas e polêmicas. O fato de que o *Écho de Paris* (próximo ao *Croix de Feu*), sob a pena de François Mauriac, retorne três vezes a esse livro pode dar ideia do alvoroço que Gide provocou. O debate foi muito extenso, e também muito exacerbado para manter inteiramente o nível. Ele teve seu ápice intelectual na *Union pour la vérité*, em que Gide discursou e respondeu perguntas de um círculo de escritores importantes.[4] Ele não havia ainda se acalmado, quando as *Nouvelles pages de journal* foram publicadas nesse ano.

Na medida em que o próprio Gide determinou a discussão, reiteradamente ela versou sobre a questão de até que ponto ele permanece fiel a si mesmo com essa sua mudança ou se realiza uma ruptura com o mundo mental de sua idade madura. Gide poderia invocar — e assim o fez

---

3. Hoje, Gide pode remeter a este artigo. No volume do diário citado lê-se: "Não foi Barrès o apologista de um certo tipo de justiça que se manifesta hoje como aquela de Hitler? E não foi fácil prever que no momento no qual qualquer outro fosse apoderar-se dessas belas teorias, voltar-se-ia contra nós mesmos?" [N. de W.B.]

4. O debate foi publicado em Paris em 1935 sob o título *André Gide et notre temps*. [N. de W.B.]

CARTA PARISIENSE I

no primeiro volume de seus diários — a paixão com a qual ele desde sempre fez sua a causa do indivíduo; uma causa que ele reconhece ter, hoje, no comunismo seu competente advogado. O novo volume dos diários contém vários apontamentos que permitem reconhecer, no desenvolvimento de Gide, uma continuidade oculta, mas não menos importante. Gide alude a essa continuidade quando pensa que a "apologia da pobreza" (p. 167) percorre todo o seu trabalho. Ela encontrou expressão mais variada, estendendo-se da inesquecível obra juvenil *O retorno do filho pródigo*[5] até a mais recente, *Nouvelles nourritures*,[6] na qual se pode ler: "Por mim, tomei aversão a qualquer posse exclusiva. Encontro minha felicidade em doar[7] e a morte não vai me tirar das mãos grande coisa. De tudo o que ela vai me privar, serei privado mais de bens esparsos, naturais, que escapam a ser tomados e comum a todos. Quanto ao resto, eu prefiro a refeição de albergue à mesa bem servida em casa, o jardim público ao mais belo parque enclausurado entre muros, o livro que eu não tenho medo de levar para uma caminhada à edição mais rara, e, se eu devesse contemplar uma obra de arte sozinho, quanto mais ela fosse bela, mais minha tristeza na contemplação iria sobrepujar meu contentamento" (p. 61).[8]

---

5. O livro foi publicado em tradução alemã de Rilke pela editora Insel. [N. de W.B.]

6. André Gide, *Les nouvelles nourritures*. [Paris] (1935). [N. de W.B.]

7. No original em francês, Gide diz *don*, dom. Benjamin traduz por *Fortgeben*, doar. [N. T.]

8. A citação remete a uma avaliação de Gide após seu engajamento ao partido comunista. Mesmo que Benjamin não cite diretamente o escrito de Gide *De volta da URSS* (1936), fortemente crítico ao stalinismo, ao citar essa passagem de *Les nouvelles nourritures* (1935), ele acaba por indiretamente inserir as críticas de Gide ao stalinismo. [N. O.]

DIÁRIO PARISIENSE E OUTROS ESCRITOS

Para a "apologia da pobreza", Gide encontrou as formas mais diversas. No fundo, todas elas coincidem com o desdobramento daquela pobreza que, segundo o jovem Marx (o autor da *Sagrada família*), a sociedade tem a tarefa de tornar visível de modo não alterado. Para Gide, todas elas aparecem como variedades da necessidade que o homem tem do homem. Se Gide no curso de sua atividade criativa interessou-se por muitas formas de fraqueza, se ele em seu estudo sobre Dostoiévski, que em muitos aspectos é um autorretrato, coloca como ponto central a fraqueza como uma "insuficiência da carne, uma inquietude, uma anomalia", então ele tem sempre que lidar com aquela fraqueza digna de uma extrema participação que liga o humano ao humano.

Às vezes, o próprio Gide gosta de trazer à luz essa fraqueza. Mas o que lhe determina a isso não é fraqueza, mas antes o cálculo. Ele dirige-se para este incógnito porque poderá ensiná-lo algo sobre o mundo e sobre os homens. E assim escreveu em maio de 1935: "Pode-se explicar a renúncia de Tolstói à atividade artística pela redução de suas forças criativas. Se uma segunda Anna Karênina tivesse se formado em seu interior, ter-se-ia ocupado — há bons motivos para supô-lo — menos com os *Dukhobors*[9] e comentado de forma menos depreciativa sobre a arte. Mas ele sentiu que estava no fim de sua carreira literária: o impulso poético não inflava mais o seu pensamento [...]. Se hoje me ocupo de questões sociais, é também porque o demônio da criação retira-se de mim. Essas perguntas só ocupam lugar porque esse último já o desocupou. Por que eu deveria me superestimar? Por que não constatar em mim mesmo aquilo que considerei

---

9. Grupo religioso cristão não ortodoxo da Rússia. [N. O.]

CARTA PARISIENSE I

em Tolstói incondicionalmente como um fenômeno de decadência?" (*La Nouvelle Revue Française*, maio de 1935, p. 665).

Não queremos contradizer o autor aqui. Tampouco levantar a questão sobre se as forças criativas não conhecem um sono passageiro (o próprio Gide diz isso em suas *Nouvelles pages*); se elas não podem trabalhar de forma totalmente não-endemoniada (as *Nouvelles nourritures* mostram isso); se elas não colidem com barreiras históricas (os *Faux-monnayeurs*, de Gide, sugerem isso para o romance). Deixemos que Gide, em seu incógnito, faça um encontro instrutivo. É o encontro com Maulnier, que na *Action française* cita essas afirmações de Gide: "Nenhum elogio ou censura pode acrescentar nada a essas linhas estranhas. Acreditamos que não há quase nenhum exemplo de um criador que se coloca em evidência com uma tal confissão. Achamos também que a perspicácia, a modéstia e a coragem sem reservas para consigo mesmo, que servem de base para um diagnóstico tão impiedoso, têm o direito ao nosso respeito. Mas não podemos nos limitar a mostrar respeito aqui. Essa franqueza trágica é rica em explicações que não temos o direito de ocultar."

Com essas afirmações, Maulnier começa uma crítica abrangente a Gide. Trata-se de uma crítica que lança muita luz sobre a posição fascista e, especialmente, sobre o conceito de cultura do fascismo. Ter traído e abandonado a "cultura" em favor do comunismo — esta é a acusação que Maulnier levanta contra as últimas obras de Gide.

A elaboração do conceito de cultura parece pertencer a um estágio inicial do fascismo. Em todo caso, na Alemanha foi assim. De modo imperdoável, a crítica revolucionária alemã, antes de 1930, deixou de dedicar a atenção necessária às ideologias de Gottfried Benn ou Ar-

DIÁRIO PARISIENSE E OUTROS ESCRITOS

nolt Bronnen. Assim como esses foram os precursores do fascismo alemão, da mesma forma Maulnier, hoje, não fosse pelo *Front populaire*, deveria ser contado entre aqueles do fascismo francês. Ele provavelmente não escapará, em nenhum caso, ao rápido esquecimento. Pois quanto mais o fascismo fortalece-se, menos ele necessita de inteligências qualificadas, precisamente na especialidade de Maulnier. As melhores perspectivas são abertas às naturezas subalternas. O fascismo procura cúmplices para o Ministério da Propaganda. Eis o motivo pelo qual Benn e Bronnen foram exonerados.

A reação representada por Maulnier é uma reação especificamente fascista e diferente daquela católica de um Claudel, daquela reação burguesa de um Bordeaux, daquela mundana de um Morand, ou daquela filistina de um Bedel. Ele encontra seus companheiros principalmente na geração mais jovem.[10] Na geração mais velha, os fascistas decisivos como Léon Daudet ou Louis Bertrand são casos isolados. O que faz de Maulnier um fascista é a percepção de que a posição dos privilegiados pode ser afirmada apenas pela violência. Representar a soma de seus privilégios como "a cultura" — assim ele avista a sua particular tarefa. Subentende-se, por conseguinte, que ele apresenta como algo inconcebível que exista uma cultura não baseada no privilégio. E o *Leitmotiv* de seus ensaios é demonstrar que o destino da cultura ocidental está indissoluvelmente ligado ao da classe dominante.

Maulnier não é um político. Volta-se aos intelectuais, não às massas. A convenção que prevalece entre os primeiros interdiz (na França ainda) o chamado à violên-

---

10. Cf. Pierre Drieu La Rochelle. *Socialisme fasciste*. Paris: 1934. [N. de W.B.]

CARTA PARISIENSE I

cia bruta. Maulnier é compelido a uma particular cautela quando apela à violência bruta. Ele pode, a dizer a verdade, apenas preparar esse apelo. Faz isso de modo muito hábil quando proclama que cabe a uma "síntese da ação" constranger a realidade interna e a externa a unir-se, mesmo quando uma "síntese dialética" permanece impossível (p. 19). Um pouco mais claramente, explica-se que ele declara-se de acordo com a censura direcionada à civilização capitalista (que é sempre o combate fictício dos fascistas) de não ter obtido a força "de reconhecer a insolubilidade" dos problemas materiais e espirituais que a nossa época erigiu (p. 8).

Hoje, a necessidade de não dar nenhum argumento contra os privilegiados coloca o escritor, e sobretudo o teórico, em dificuldades incomuns. Maulnier tem a coragem de dar uma solução rápida para essas dificuldades. Em parte, elas são de natureza moral. O advogado do fascismo tem muito a ganhar, se varrer do caminho os critérios morais. De mais a mais, ele não se mostra muito exigente na escolha de seus meios. Trata-se de um trabalho rude — o conceito não pode colocar luvas para executá-lo. Ele agarra firme, e dessa maneira: "A civilização [...] é a instituição e a ordem de artifícios e ficções que condicionam qualquer relação entre os homens, o sistema de convenções úteis, a hierarquia artificiosa necessária para a vida em toda a sua magnitude e indispensabilidade. A civilização é a mentira [...]. Quem não está disposto [...] a reconhecer nessa mentira a condição fundamental de todo progresso humano e grandeza humana admite ser um adversário da própria civilização. É preciso escolher entre civilização e sinceridade" (p. 210). Assim afirma Maulnier no ensaio dirigido contra Gide de sua coletânea. É em torno desse adágio de miserável esplendor que os pa-

DIÁRIO PARISIENSE E OUTROS ESCRITOS

radoxos desgastados de Oscar Wilde prestam-se há muito tempo, e pode-se regressar facilmente até o "declínio das mentiras" dele.

Alguém poderia perceber, pela primeira vez, como frutos diferentes às vezes possuem as sementes de uma mesma vida. O mesmo homem que vê seu esteticismo, a parte mais corruptível de sua produção, recebido pelo fascismo, deu, no momento em que se coloca com seu desprezo contra a sociedade com a qual ele se divertiu durante toda a vida, ao jovem André Gide um exemplo que determinou sua vida posterior.[11] Em segundo lugar, entenderíamos quão profundamente a ideologia fascista está comprometida com o decadentismo e esteticismo e por que ela encontra pioneiros entre os artistas extremistas tanto na França quanto na Alemanha ou na Itália.

Qual destinação a arte deve esperar de uma civilização erguida sobre a mentira? Expressará, em sua esfera mais estrita, as contradições não resolvidas da civilização — e insolúveis enquanto for preservado o sistema da propriedade. A contradição na arte fascista é, não diferentemente da economia fascista ou do Estado fascista, uma contradição entre teoria e *práxis*. A teoria da arte fascista tem os traços do puro esteticismo: a arte é apenas uma das máscaras atrás das quais "nada está", como Maulnier formula, "além da natureza animal do homem, o animal humano nu e despojado de tudo de Lucrécio" (p. 209). Essa arte é reservada aos sábios, à elite, "que é beneficiária de toda civilização na qual ela", como Maulnier diz muito claramente, "representa os parasitas, os herdeiros

---

11. A importância que Wilde tinha para Gide é testemunhada pelo seu *Elogio fúnebre de Wilde*, de 1910 [Oscar Wilde, *Mercure de France*, 1910]. [N. de W.B.]

e a flor inútil" (p. 211). Assim parece ser o caso na teoria. A *práxis* fascista oferece uma imagem diferente. A arte fascista é uma arte de propaganda. Seus consumidores não são os sábios, mas, totalmente ao contrário, os que se enganam. Além disso, no presente eles não são poucos, mas muitos ou, ao menos, muito numerosos. Portanto, é evidente que as características dessa arte não correspondem inteiramente àquelas manifestas em um esteticismo decadente. Nunca o decadentismo voltou sua atenção para a arte monumental. A ligação da teoria decadentista da arte com sua *práxis* monumental ficou reservada ao fascismo. Nada é mais instrutivo do que esse cruzamento em si mesmo contraditório.

O caráter monumental da arte fascista está conectado ao seu caráter de massa. Mas esse não é de modo algum direto. Nem toda arte de massa é uma arte monumental: a dos contos de Hebel para o calendário dos camponeses é tão pouco monumental quanto a opereta de Lehár. Se a arte de massa fascista é uma arte monumental — e ela o é até dentro do estilo literário —, então isso tem um significado particular.

A arte fascista é uma arte de propaganda. Portanto, é executada para massas. Além disso, a propaganda fascista deve penetrar em toda a vida social. A arte fascista é, portanto, executada não apenas *para* as massas, como também *pelas* massas. Isso parece supor que a massa tem que lidar consigo mesma nessa arte, compreende-se a si mesma, ela é a dona da casa: dona dos seus teatros e dos seus estádios, dona dos seus estúdios de cinema e das suas editoras. Todos sabem que não é o caso. Nesses lugares, quem domina muito mais é a "elite". E ela não quer a autoconsciência da massa na arte. Pois então a arte teria que ser uma arte da classe proletária pela qual a realidade

DIÁRIO PARISIENSE E OUTROS ESCRITOS

do trabalho assalariado e da exploração chegaria ao seu direito, isto é, ao caminho de sua abolição. Mas com isso a elite seria prejudicada.

O fascismo, por conseguinte, tem interesse em limitar o caráter funcional da arte de tal maneira que não se deve recear de sua parte nenhuma influência transformadora da posição de classe do proletariado — que constitui a maior parte daqueles que ela atinge e uma parte menor dos quadros que a executam. A esse interesse político-artístico serve a "forma monumental". E isso acontece de duas maneiras: em primeiro lugar, ela bajula a ordem econômica pacífica existente, apresentando-a em termos de seus "traços eternos", isto é, intransponíveis. O Terceiro Reich calcula o tempo em milênios. Em segundo lugar, ela desloca os executores, bem como os receptores, para um feitiço no qual eles mesmos devem aparecer como monumentais, ou seja, incapazes de ações refletidas e autônomas.[12] A arte aumenta assim as energias sugestivas de seu efeito às custas dos intelectuais e dos esclarecidos. A perpetuação das condições existentes ocorre na arte fascista através da paralisia dos homens (executores ou receptores) que poderiam alterar essas condições. Apenas com a atitude que o feitiço impõe-lhe — assim ensina o fascismo — a massa chega enfim à sua expressão.

O material com o qual o fascismo constrói seus monumentos, que considera perene como o bronze, é, sobretudo, o assim chamado material humano. Nesses monumentos, a elite imortaliza seu domínio. E é apenas graças a esses monumentos que o material humano encontra sua forma.

---

12. Não há um efeito enfeitiçante apenas na estilização fascista das artes de massa (compare os desfiles alemães com os russos), mas também no quadro das diferentes "comunidades" e "frentes" em que elas ocorrem. [N. de W.B.]

CARTA PARISIENSE I

Diante do olhar dos senhores fascistas — que como vimos abrange milênios —, é ínfima a diferença entre os escravos que erigiram as pirâmides com blocos de pedra e as massas de proletários que formam blocos nas praças e nos campos exercício em frente do *Führer*. Então, pode-se entender bem Maulnier quando ele coloca juntos "construtores e soldados" como expoentes da Elite (melhor Gide, quando reconhece na nova construção monumental romana a presença de um "jornalismo arquitetônico" [*Nouvelles pages*, página 85]).

O esteticismo de Maulnier não é, como foi sugerido, um ponto de vista improvisado que o fascismo adota apenas no debate de questões históricas da arte. O fascismo depende desse ponto de vista em todos os lugares, quando quer aproximar-se da aparência sem se comprometer com a realidade. Um modo de ver as coisas que evita o valor funcional da arte também será recomendável quando houver interesse de remover do campo visual o caráter funcional de um fenômeno. Isso, como pode ser visto no caso de Maulnier, é em uma importante medida o caso da técnica. O motivo é facilmente compreensível. O desenvolvimento das forças produtivas, que ao lado do proletariado compreende também a técnica, provocou a crise que impulsiona a socialização dos meios de produção. Em primeiro lugar, essa crise é, portanto, uma função da técnica. Quem pensa em resolvê-la de maneira irracional e violenta, preservando os privilégios, tem todo o interesse em tornar o caráter funcional da técnica tão irreconhecível quanto possível.

Há dois caminhos a seguir. Eles levam a direções opostas, mas são determinados por ideias afins: a saber, precisamente ideias estéticas. Encontramos o primeiro caminho em Georges Duhamel.[13] Ele tende decididamente a deixar de lado o papel da máquina no processo de produção e a criticá-la levando em conta os vários inconvenientes e desvantagens ligados ao uso, próprio ou outro, das máquinas pelo homem privado. Duhamel chega a um juízo circunspecto sobre o automóvel, a uma rejeição resoluta do filme, a uma proposta meio brincalhona e meio séria, segundo a qual todas as invenções seriam banidas pelo Estado por cinco anos. O proletário revolta-se contra o empresário; o pequeno-burguês contra a máquina. Duhamel toma partido contra a máquina em nome da arte. É compreensível que para o fascismo as coisas sejam um pouco diferentes. A grande mentalidade burguesa de seus chefes deixou seu rastro nos intelectuais que estavam à sua disposição. Um deles era Marinetti. A princípio, ele sentiu instintivamente que uma visão "futurista" da máquina era útil ao imperialismo. Marinetti começou como um *bruitist*,[14] proclamando o ruído (a atividade improdutiva da máquina) como sua atividade mais significativa. Ele acabou por tornar-se membro da academia real, confessando ter encontrado na guerra da Etiópia a realização de seus sonhos futuristas de juventude.[15] Sem se dar conta disso, Maulnier refere-se a ele quando, contra o "novo humanismo" de Górki, declara que o que consti-

---

13. Georges Duhamel, *Scènes de la vie future*, Paris 1930, e *L'humaniste et l'automate*, Paris 1933. [N. de W.B.]

14. *Bruit*, do francês, som ou ruído. O bruitismo foi um movimento que partiu de considerações iniciais de Marinetti e Ferruccio Busoni, em um manifesto de 11 de março de 1913, "A arte do ruído", de Luigi Russolo. Segundo este, um novo conceito musical desvinculado da concepção tradicional de música havia surgido, igualando combinações instrumentais clássicas de sons com ruídos de máquinas. [N. O.]

15. Cf. o manifesto de Marinetti sobre a guerra da Etiópia. [N. de W.B.]

CARTA PARISIENSE I

tui o principal valor das descobertas técnicas e científicas não era "tanto seu resultado e sua possível utilidade [...] quanto [...] seu valor poético" (p. 77). "Marinetti — escreve Maulnier — inebriou-se com o nível das máquinas, com seu movimento, seu aço, sua precisão, seu ruído, sua velocidade — em suma, com tudo o que pode ser considerado como um valor em si na máquina e que não participa de seu caráter instrumental [...]. Limitou-se a e deliberadamente a mantê-la em seu aspecto inutilizável, isto é, estético" (p. 84).

Maulnier considera que essa posição está tão fundamentada que ele não tem escrúpulos em citar, como uma curiosidade, as frases em que Maiakóvski trata da visão de Marinetti da máquina. Maiakóvski fala a linguagem saudável do senso comum: "A era da máquina não exige hinos em seu louvor; exige ser dominada pelo interesse da humanidade. O aço dos arranha-céus não exige imersão contemplativa, mas uma recuperação decisiva da construção de moradias... Não vamos buscar o ruído, mas organizar os silêncios. Nós poetas queremos poder falar nos vagões de trem" (p. 83). A atitude digna de Maiakóvski, porquanto reservada e sóbria, é incompatível com o esforço de retirar da técnica um aspecto "monumental". Ela guarda um testemunho conclusivo contra a afirmação de Maulnier de que o coletivismo russo fez do "engenheiro um senhor espiritual" (p. 79). Trata-se de uma reinterpretação tecnocrática que falsifica a formação politécnica do cidadão soviético, transformando-a em trabalho servil tecnocrático e supervisionado. E é também uma reinterpretação tecnocrática em um outro sentido: trata-se de uma reinterpretação próxima exatamente dos tecnocratas.

Ora, ninguém mais decididamente do que Maulnier recusará a acusação de pensar tecnocraticamente. Esse modo de pensar parecer-lhe-á, em vez disso, incompatível com o artístico. À primeira vista, sua definição de arte poderia dar-lhe razão. Ela diz: "A verdadeira missão da arte é tornar inutilizável objetos e criaturas" (p. 86). Mas não nos contentemos com a primeira vista. Vejamos as coisas mais de perto! Dentre as artes, existe uma que satisfaz a definição de Maulnier de uma maneira particularmente exata. Essa arte é a arte da guerra. Ela incorpora a ideia da arte fascista tanto pelo uso monumental do material humano quanto pela aplicação de toda a técnica inteiramente desvinculada de propósitos banais. O lado poético da técnica, que o fascista joga contra o prosaico, de que os russos, em sua opinião, fazem muito caso, é o seu lado homicida. Nesse sentido, o significado da sentença: "Tudo o que é primitivo, espontâneo, inocente, é-nos somente por isso odioso" (p. 213) alcança plenamente sua validade.

Essa frase pode ser encontrada na última seção do ensaio em que Maulnier polemiza com Gide. A capacidade de provocar reações reveladoras não merece reconhecimento? Gide não encarnou a figura ideal que ele evoca em seu *Diário*, em 28 de março de 1935: o *inquiéteur* — aquele que provoca inquietude? De fato, ele tornou-se o porta-voz daqueles que perturbam o autor fascista como nunca antes.

Essas são as massas, e na verdade as massa leitoras. "Através dos esforços gigantescos para o benefício de todos os estágios de ensino, eliminando qualquer barreira entre os vários níveis de formação... através da surpreendentemente rápida redução do analfabetismo..., com o apelo imediato à invenção literária de todos, e até mesmo das crianças... por meio de tudo isso vocês" — assim falou Jean-Richard Bloch no Congresso dos Escritores de Paris, em 1935, dirigindo-se aos representantes da União

CARTA PARISIENSE I

Soviética — "oferecem ao escritor... o presente mais maravilhoso que ele sonhou: presentear-lhe um público de 170 milhões de leitores".

Para o escritor fascista, é um "presente de grego". Para a elite, da qual Maulnier vem em socorro, é impensável um gozo artístico que não esteja protegido por todos os lados contra os elementos perturbadores por meio do monopólio da formação cultural. A abolição do monopólio da formação cultural em si seria para Maulnier assustador o suficiente. E agora Górki diz-lhe que é precisamente a arte que é chamada a participar dessa abolição, dizendo-lhe que na literatura soviética não existe diferença fundamental entre um livro de divulgação científica e um livro de valor artístico. E com essa proposição, por meio dos divulgadores mais modernos da literatura ocidental, um Frank, um De Griffin, um Eddington, um Neurath — Maulnier não pode fazer nada de melhor do que inseri-la em sua descrição da "barbárie", "à qual Górki colocou-se a serviço" (p. 78).

Maulnier também não cede um palmo de sua ideia de apresentar a cultura como a soma dos privilégios. Talvez com essa maneira de ser apresentada ele não faça uma bela figura. Mas, ao procurar a confrontação da cultura imperialista com a da Rússia soviética, Maulnier deve resignar-se com isso. Ele não pode mudar que o caráter de consumo da primeira contraponha-se ao caráter produtivo da segunda. A ênfase extenuante na criatividade, que nos é familiar a partir do debate cultural, tem antes de tudo a tarefa principal de desviar a atenção sobre quão pouco o produto gerado de forma tão "criativa" vem em benefício do processo produtivo, mas recai exclusivamente no consumo. O imperialismo determinou uma situação na qual a poesia, celebrada como "divina", compartilha legitimamente tal elogio com o bolo de sobremesa.

Maulnier não pode renunciar a qualquer preço à "criatividade". "O homem", ele escreve, "fabrica uma coisa para usá-la; mas cria para criar" (p. 86). A formação politécnica dos soviéticos demonstra quão falaciosa é a separação morta e a-dialética entre criação e fabricação que está na base da estética da criatividade. Essa formação é igualmente capaz tanto de conduzir para um trabalho criativo o operário fabril, no âmbito do plano de produção que ele domina, de uma comunidade produtiva que sustenta sua existência, de um modo de produção que ele pode melhorar, como induzir o escritor — pela precisão das tarefas que lhe são colocadas, ou seja pelo público específico que o garante — a uma produção que, graças à prestação de contas que o produtor pode dar de seu procedimento, tem direito ao título honorífico de fabricado. E precisamente o escritor deveria lembrar que a palavra "texto" — de tecedura: *textum* — já foi um tal nome honorífico. Com a futura educação politécnica do homem diante de seus olhos, ele não ficará impassível diante do porta-voz da elite, que lhe narra que, "para uma sociedade coletivista, aqueles momentos fugazes em que o homem pode escapar de uma existência que, como nos tempos cinzentos, é quase inteiramente dedicada ao sustento [...] serão considerados deserção" (p. 80). A quem deveria agradecer o homem, se esses momentos eram tão fugazes? À elite. Quem tem interesse em tornar o mesmo trabalho digno da humanidade? O proletariado.

Em sua construção, ele pode certamente dispensar o que Maulnier nomeia de "privilégios da interioridade" (p. 5), mas nunca o que sente e descreve esses privilégios como Gide o faz (em 8 de março de 1935): "Hoje me vem à cons-

CARTA PARISIENSE I

ciência, de modo opressivo e profundo no interior, o sentimento de uma inferioridade: nunca precisei ganhar o pão, nunca trabalhei sob a pressão da necessidade. Mas sempre amei tanto o trabalho que minha felicidade não teria sido afetada por isso. Além disso, quero ir além do seguinte: chegará um momento em que será considerado uma falha não ter conhecido tal trabalho. A imaginação mais rica não pode substituí-lo; a instrução que ele transmite nunca poderá ser recuperada. Chegará o momento em que o cidadão vai sentir-se inferior ao trabalhador simples. E, para alguns, este tempo já chegou" (*Nouvelles pages*, p. 164f).

Para Maulnier, ainda mais alarmante do que o fato de haver um público de 170 milhões de leitores no Leste, é que existam escritores que moram na França pensando nisso. André Gide dedicou seu último livro *Les nouvelles nourritures* aos jovens leitores da União Soviética. O primeiro parágrafo desse livro diz:

Tu que virás quando eu não puder mais ouvir os sons da terra e meus lábios não beberem mais o seu orvalho — tu que mais tarde, talvez, me lerá —, escrevo estas páginas para ti; pois talvez o fato de viver não te surpreenda o bastante; tu não serás dominado pela maravilha entorpecente que é a tua vida. Parece-me às vezes que será com a minha sede que tu beberás, e o que faz com que tu te curves sobre outra criatura que tu acaricias é meu próprio desejo, hoje! (*Nouvelles nourritures*, p. 9).[16]

---

16. Em francês no original: "Toi qui viendras lorsque je n'entendrai plus les bruits de la terre et que mes lèvres ne boiront plus sa rosée — toi qui, plus tard, peut-être me liras — c'est pour toi que j'écris ces pages; car tu ne t'étonnes peut-être pas assez de vivre; tu n'admires pas comme il faudrait ce miracle étourdissant qu'est ta vie. Il me semble parfois que c'est avec ma soif que tu vas boire, et que ce qui te penche sur cet autre être que tu caresses, c'est déjà mon propre désir." [N. T.]

Carta parisiense II
Pintura e fotografia[*]

Quando passeamos em Paris aos domingos e feriados com um clima tolerável nos bairros de Montparnasse ou Montmartre, esbarramos nas ruas espaçosas aqui e ali em *paravents*,[1] combinados uns ao lado dos outros ou em pequenos labirintos, nos quais são penduradas determinadas pinturas para serem vendidas. Encontram-se ali os temas que combinam com a boa sala: naturezas-mortas, marinas, nus, pinturas de gênero e *intérieurs*. O pintor, não raro trajando em um estilo romântico um chapéu com largas abas e um casaco de veludo, permanece sentado em uma banqueta ao lado de seus quadros. Sua arte dirige-se à família burguesa que ali passeia, talvez mais impressionada por sua presença ou por sua veste imponente do que pelos quadros expostos. Mas provavelmente estaríamos superestimando o espírito comercial desses pintores, se supuséssemos que eles colocam sua pessoa a serviço da atração da clientela.

Naturalmente, não foram esses os pintores que estavam em evidência nos grandes debates travados recen-

---

[*]. "Pariser Brief II. Malerei und Photographie", in GS III, p. 495–507. Tradução de Pedro Hussak. Publicada originalmente na revista *Das Wort* em novembro/dezembro de 1936. [N. O.]

1. Em francês no original: para-vento. [N. T.]

DIÁRIO PARISIENSE E OUTROS ESCRITOS

temente em torno da situação da pintura.[2] Pois eles têm relação com a pintura como arte apenas na medida em que também sua produção é cada vez mais destinada ao mercado em sentido geral. Todavia, esses distintos pintores não têm a necessidade de estar em pessoa no mercado. Eles têm à sua disposição *marchands* e os salões de arte. Ainda assim, seus colegas ambulantes oferecem algo de diferente do que a pintura no estado da sua mais profunda degradação. Eles revelam como um talento mediano de lidar com pincéis e palhetas tornou-se comum. E foi nessa medida que eles apesar de tudo ocuparam o seu lugar nos debates mencionados. Esse lugar foi-lhes concedido por André Lhote, ao dizer: "quem, hoje em dia, interessa-se por pintura vai começar mais cedo ou mais tarde a pintar... A partir do dia, porém, em que um amador começar ele mesmo a pintar, a pintura cessará de exercer sobre ele o mesmo fascínio religioso que ela exerce sobre o leigo" (*Entretiens*, p. 39). Se concebêssemos uma época na qual fosse possível a alguém interessar-se por pintura sem também ter a ideia de pintar, voltaríamos então à época das corporações de artesãos. E assim como ocorre frequentemente que o destino do liberal — Lhote é no melhor sentido um espírito liberal — seja o de que o fascista conclua seu raciocínio, ouvimos de Alexandre Cingria que a decadência começou com a eliminação do sistema corporativo de artesãos, ou seja, com a Revolução Francesa. Após essa

---

2. *Entretiens, l'art et la réalité. L'art et l'état.* [Com a contribuição de Mario Alvera, Daniel Baud-Bovy, Emilio Bodrero, entre outros.] Paris: Institut internationale de Coopération intellectuelle, 1935. — *La querelle du réalisme. Deux débats par l'Association des peintures et sculptures de la maison de la culture.* [Com contribuições de Lurçat, Granaire, entre outros.] Paris: Editions socialistes internationales, 1936. [N. de W.B.]

CARTA PARISIENSE II

eliminação, os artistas teriam desprezado toda disciplina e se comportado "como animais selvagens" (*Entretiens*, p. 96). E quanto ao seu público, os burgueses, "após o ano de 1789 ter-lhes retirado de uma ordem construída politicamente na hierarquia, e espiritualmente na primazia de valores intelectuais", "perderam aos poucos a compreensão da forma de produção desinteressante, mentirosa, amoral e inútil para as leis artísticas" (*Entretiens*, p. 97).

É evidente que o fascismo manifestou-se abertamente no congresso de Veneza. O fato de que esse congresso tenha acontecido na Itália é tão claramente notável quanto o fato de que o parisiense tenha sido convocado pela *Maison de la Culture*. Isso quanto à índole desses eventos. De resto, quem estudar mais de perto os discursos vai deparar-se no congresso de Veneza (que evidentemente foi um evento internacional) com reflexões maduras e ponderadas sobre a situação da arte, ao passo que, por outro lado, todos os participantes do congresso de Paris não conseguiram deixar os debates totalmente livres de caminhos já trilhados. É significativo, ao menos, que dois dos mais importantes palestrantes venezianos, nomeadamente Lhote e Le Corbusier, tenham participado do congresso de Paris e se sentido em casa nessa atmosfera. O primeiro aproveitou a oportunidade para rever o evento de Veneza. "Éramos sessenta reunidos para...", disse ele, "enxergar algo de mais claro nestas questões. Eu não gostaria de ousar afirmar que um único dentre nós tenha efetivamente tido sucesso nisso" (*La querelle*, p. 93).

O fato de que em Veneza a União Soviética não estava representada, e a Alemanha apenas por uma pessoa, mesmo que tenha sido Thomas Mann, é lastimável. No entanto, seria errado supor que, por causa disso, posições mais avançadas tenham ficado totalmente órfãs. Escan-

DIÁRIO PARISIENSE E OUTROS ESCRITOS

dinavos como Johnny Roosval, austríacos como Hans Tietze, para não mencionar os franceses já citados, sustentaram-nas pelo menos em parte.[3] Em Paris, a vanguarda, composta em igual proporção de pintores e escritores, obteve, em todo caso, a primazia. Enfatizou-se, desse modo, quão necessário é recuperar para a pintura uma comunicação inteligente com a palavra falada e a escrita.

A teoria da pintura dissociou-se da própria pintura e tornou-se, na qualidade de disciplina especializada, assunto da crítica de arte. O que está no fundo dessa divisão do trabalho é o desaparecimento da solidariedade que uma vez ligou a pintura às aspirações do público. Courbet foi talvez o último pintor no qual essa solidariedade manifestou-se. A teoria da sua pintura deu resposta não apenas aos problemas picturais. Nos impressionistas, o *argot*[4] dos ateliês reprimiu a própria teoria, e a partir disso decorreu uma evolução constante até o estágio em que um observador inteligente e informado podia chegar à tese de que a pintura "tornou-se um assunto totalmente esotérico e antiquado, e que o interesse por ela e por seus problemas... não existira mais". Ela "seria quase um resquício de um período passado, e submeter-se a ele... seria um fracasso pessoal".[5] A culpa por tais concepções não é tanto

---

3. Por outro lado, deparamo-nos em Veneza com restos de caráter formalista de museu de épocas perdidas de pensamento. Assim, definia por exemplo Salvador de Madariaga: "A verdadeira arte é o produto de uma possível combinação do pensamento com o espaço em diferentes relações; e arte falsa é o resultado de tal combinação, na qual o pensamento prejudica a obra de arte" (*Entretiens*, p. 160). [N. de W.B.]

4. Em francês no original: jargão. [N. T.]

5. Hermann Broch, *James Joyce und die Gegenwart* [James Joyce e o presente]. Discurso sobre o 50° Aniversário de Joyce, Wien-Leipzig-Zürich 1936, p. 24. [N. de W.B.]

CARTA PARISIENSE II

da pintura quanto da crítica de arte que apenas aparentemente serve ao público, pois na verdade está a serviço do comércio de arte. Ela não utiliza nenhum conceito, mas apenas um *slang*[6] que muda de *saison à saison*.[7] Não é um acaso que o mais representativo dos críticos de arte parisienses por anos, Waldemar George, surgiu como fascista em Veneza. O jargão esnobe dele valerá apenas enquanto durarem as formas atuais do negócio de arte. Compreende-se por que ele chegou ao ponto de esperar a salvação da pintura francesa por um *"Führer"* que deveria vir (cf. *Entretiens*, p. 71).

O interesse do debate veneziano reside no esforço daqueles que se empenham por uma apresentação sem complacências da crise da pintura. Esse é particularmente o caso de Lhote. Sua constatação de que "estamos diante da questão do quadro *útil*" (*Entretiens*, p. 47) indica onde devemos procurar o ponto de Arquimedes do debate. Lhote é tão pintor quanto teórico. Como pintor, deriva de Cézanne; como teórico, trabalha no âmbito da *Nouvelle Revue Française*.[8] Ele não se situa de forma alguma na ala extrema esquerda, de modo que não foi somente lá que se sentiu a obrigação de refletir sobre a "utilidade" de um quadro. O conceito de uso não pode, sendo leal a si mesmo, focar na utilidade que o quadro tem para a pintura ou para a fruição artística (ao contrário, deve-se decidir sobre a utilidade da pintura e da fruição artística justamente

---

6. Em inglês no original: gíria. Note-se que nos dois casos — *argot* e *slang* —, Benjamin utiliza termos em outra língua para expressar o que seria o correspondente a jargão, gíria ou calão. [N. T.]

7. Em francês no original: de temporada a temporada. [N. T.]

8. *Nouvelle Revue Française* é uma revista de cunho literário e crítico, que já em seus primórdios foi dirigida por Gaston Gallimard e por André Gide. [N. O.]

DIÁRIO PARISIENSE E OUTROS ESCRITOS

com a ajuda desse conceito). Aliás, é impossível captar de modo suficientemente amplo o conceito de utilidade. Obstruir-se-ia todo caminho para essa reflexão, caso consideremos a utilidade imediata de uma obra apenas em função do seu tema. A história mostra que frequentemente a pintura cumpriu tarefas sociais gerais por efeitos indiretos. O historiador da arte vienense Tietze alude a esses efeitos quando define a utilidade de um quadro desta forma: "A arte ajuda a compreender a realidade... Os primeiros artistas que impuseram à humanidade as primeiras convenções da percepção visual prestaram-lhe um serviço semelhante àquele dos gênios da pré-história que formaram as primeiras palavras" (*Entretiens*, p. 34). Lhote segue a mesma linha, mas através do tempo histórico. Ele observa que cada nova técnica está na base de uma nova ótica. "Sabemos quais delírios acompanharam a invenção da perspectiva, a descoberta decisiva da Renascença. Paolo Uccello, como o primeiro a encontrar suas leis, mal pôde conter seu entusiasmo, de modo que acordou sua esposa no meio da noite para dar-lhe a maravilhosa notícia. Eu poderia", continua Lhote, "elucidar as diferentes etapas do desenvolvimento da percepção visual dos primitivos até hoje com o simples exemplo de um prato. O primitivo o desenharia, como uma criança, em forma de círculo; na época da Renascença, em forma oval; e, finalmente na modernidade, cujo exemplo poderia ser Cézanne... como uma extraordinária figura complexa, a partir da qual poderíamos imaginar a parte inferior da figura oval achatada e um de seus lados inchado" (*Entretiens*, p. 38). Se a utilidade de tais aquisições pictóricas — talvez se pudesse objetar — não servisse à percepção, mas apenas à sua reprodução mais ou menos fiel, então essa utilidade seria legitimada em um campo fora da arte.

CARTA PARISIENSE II

Pois tal reprodução possui impacto no nível da produção e da formação cultural da sociedade por meio de numerosos canais, como o desenho comercial, a publicidade, as imagens populares e as ilustrações científicas.

O conceito elementar que se pode fazer da utilidade de um quadro foi expandido consideravelmente pela fotografia. Essa forma expandida é o atual estatuto desse conceito. O ápice do debate atual é alcançado quando a fotografia foi incluída na sua análise para esclarecer sua relação com a pintura. Se esse debate não aconteceu em Veneza, Aragon preencheu essa lacuna em Paris. Foi preciso, como ele narrou depois, certa *courage*[9] para isso. Uma parte dos pintores presentes considerou uma ofensa basear reflexões sobre a história da pintura na história da fotografia. "Imagine", concluiu Aragon, "um físico que se sente insultado porque lhe falam de química".[10]

A história da fotografia começou a ser pesquisada há oito ou dez anos. Temos uma quantidade de trabalhos, na maioria ilustrados, sobre suas origens e seus primeiros mestres.[11] Mas foi reservada a uma das mais recentes publicações tratar desse assunto em relação à história da pintura. O fato de que ela tenha sido ensaiada no espírito do materialismo dialético confirma novamente os aspectos altamente originais que este método pode abrir.

---

9. Em francês no original: coragem. [N. T.]

10. Louis Aragon. Le réalisme à l'ordre du jour. *Commune*, ano 4, n. 37, setembro de 1936, p. 23. [N. de W.B.]

11. Cf., entre outros, Helmut Theodor Bossert e Heinrich Guttmann, *Aus der Frühzeit der Photographie 1840–1870*, Frankfurt am Main, 1930; Camille Recht, *Die alte Photographie*, Paris, 1931; Heinrich Schwarz, *David Octavius Hill, der Meister der Photographie*, Leipzig, 1931; além disso, duas importantes fontes: Disdéri, *Manuel opératoire de photographie*, Paris, 1853; Nadar, *Quand j'étais photographe*, Paris, 1900. [N. de W.B.]

DIÁRIO PARISIENSE E OUTROS ESCRITOS

O estudo de Gisèle Freund *La photographie en France au dix-neuvième siècle*[12] apresenta a ascensão da fotografia em relação à da burguesia e exemplifica essa relação de uma maneira particularmente feliz na história do retrato. Partindo da técnica do retrato mais difundida no *ancien régime*, as valiosas miniaturas de marfim, a ensaísta apresenta diferentes procedimentos que, por volta de 1780,

---

12. Gisèle Freund, *La photographie en France au dix-neuvième siècle*, Paris, 1936. A autora, uma emigrante alemã, foi laureada com este trabalho na Sorbonne. Quem assistiu à discussão pública que concluiu a prova deve ter tido uma forte impressão da ampla visão e liberalidade dos examinadores. Uma objeção metódica contra o livro meritório pode ser levantada. "Quanto maior", escreve a autora, "é o gênio do artista, tanto melhor sua obra reflete, e mesmo na força da originalidade da sua forma, as tendências da sociedade que lhe é contemporânea" (Freund, p. 4). O que sobressai de questionável nessa afirmação não é sua tentativa de circunscrever as consequências artísticas de um trabalho com referência à estrutura social de seu tempo de origem. Questionável é apenas a pressuposição de que essa estrutura apresenta-se sempre sob o mesmo aspecto. Na verdade, o seu aspecto poderia mudar com as diversas épocas que atraem seu olhar de volta para elas. E então definir o significado de uma obra de arte com o olhar para a estrutura social de seu tempo original equivale bastante a determiná-la sob a base da história de seus efeitos. Por exemplo, a poesia de Dante trouxe à luz tal capacidade para o século XIII, a obra de Shakespeare para o período elisabetano. A clarificação deste problema metodológico é tanto mais importante quanto a fórmula de Freund reconduz diretamente a uma posição que encontrou sua expressão mais drástica e ao mesmo tempo mais problemática em Plekhanov, que dizia: "Quanto mais um escritor é grande, tanto maior é a força e evidência com a qual o caráter da sua obra depende do caráter da sua época, *ou em outras palavras* (ênfase dos relatores): quanto menos é possível encontrar na sua obra aquele elemento que poderia ser chamado de 'pessoal'"(Georgi Plekhanov, "Les jugements de Lanson sur Balzac et Corneille" [Os juízos de Lanson sobre Balzac e Corneille]. *Commune*, ano 2, n. 16, dezembro de 1934, p. 306. [N. de W.B.]

CARTA PARISIENSE II

ou seja, setenta anos antes da descoberta da fotografia, tiveram como meta a aceleração, barateamento e, consequentemente, uma propagação mais ampla da produção de retratos. Sua descrição do "fisiognotraço",[13] como uma técnica intermediária entre o retrato em miniatura e o registro fotográfico, tem o valor de uma descoberta. A ensaísta mostra posteriormente como o desenvolvimento técnico alcança seu padrão adequado ao do desenvolvimento da sociedade na fotografia, pois é através dela que o retrato torna-se acessível a largas camadas da burguesia. Ela expõe como os miniaturistas tornaram-se dentre os pintores as primeiras vítimas da fotografia. Finalmente, ela relata a controvérsia teórica entre pintura e fotografia em meados do século.

No campo da teoria, a controvérsia entre a fotografia e a pintura concentrava-se em torno da questão de saber se a fotografia seria uma arte. A ensaísta chama a atenção para a peculiar constelação que emerge com a resposta a essa pergunta. Ela constata quão elevado era o nível artístico de um bom número dos primeiros fotógrafos que trabalhavam sem pretensões artísticas, expondo seu trabalho apenas a um restrito círculo de amigos. "A pretensão de tornar a fotografia uma arte foi erguida justamente por aqueles que faziam da fotografia um negócio" (Freund, p. 49). Em outros termos: a pretensão de que a fotografia seja uma arte é simultânea à sua emergência como mercadoria.

Essa circunstância tem sua ironia dialética: o procedimento, que depois foi determinante para colocar o próprio conceito de obra de arte em questão, pois ao mesmo tempo que ela por meio de sua reprodução força seu ca-

---

13. No texto original: *Physiognotrace*. [N. T.]

DIÁRIO PARISIENSE E OUTROS ESCRITOS

ráter de mercadoria, designa-se como técnica artística.[14] Esse desenvolvimento posterior começa com Disdéri, que sabia que a fotografia era uma mercadoria, mas que esse atributo ela compartilha com todos produtos de nossa sociedade (também a pintura é uma mercadoria). Além disso, Disdéri reconheceu qual serviço a fotografia é capaz de prestar à economia de mercado. Ele foi o primeiro a usar o procedimento fotográfico para lançar, no processo de circulação do mercado, bens que antes tinham sido mais ou menos retirados dele, a começar pelas obras de arte. Disdéri teve a ideia astuciosa de obter o monopólio estatal das reproduções da coleção do Louvre. Desde então, a fotografia tornou cada vez mais vendáveis numerosos segmentos do campo da percepção óptica. Ela conquistou para a circulação mercadológica objetos que não existiam nela anteriormente.

Mas esse desenvolvimento sai do âmbito que Gisèle Freund delimitou para si. Ela lida, sobretudo, com a época

---

14. Uma constelação analogamente irônica no mesmo campo é a seguinte. A câmera fotográfica é um aparelho altamente estandardizado, e então não é mais favorável do que um moinho à expressão de características nacionais particulares na forma de seu produto. Torna a produção da imagem independente das convenções e dos estilos nacionais em uma medida até então desconhecida. Por esse motivo, inquietaram-se os teóricos que juraram fidelidade a tais convenções e estilos. A reação não demorou. Já em 1859 dizia-se, no comentário a uma exposição fotográfica: "o caráter nacional particular vem [...] de forma palpável com toda evidência nas obras de vários países [...]. Um fotografo francês [...] não poderá mais ser confundido com um colega inglês" (Louis Figuier, *La photographie au salon de 1859* [A fotografia no salão de 1859], Paris, 1960, p. 5). Setenta anos depois, no congresso de Veneza, Margherita Sarfatti diz exatamente a mesma coisa: "um bom retrato fotográfico revelar-nos-á antes de mais nada a nacionalidade, não da pessoa fotografada, mas do fotógrafo" (*Entretiens*, p. 87). [N. de W.B.]

CARTA PARISIENSE II

na qual a fotografia iniciou sua marcha triunfal, a época do *juste milieu*. A ensaísta descreve o seu ponto de vista estético, e ela, na sua apresentação, tem algo mais do que um valor anedótico quando explica que um dos mestres mais festejados daquela época considerava como um objetivo elevado da pintura a exata representação das escamas de peixe. Essa escola viu seus ideais realizarem-se do dia para noite pela fotografia. Um pintor contemporâneo, Galimard, revela isso ingenuamente quando, em uma reportagem sobre os quadros de Meissonier, escreve: "o público não vai contradizer-nos, se expressarmos nossa admiração pelo pintor refinado que... este ano nos presenteou com um quadro que não seria inferior em termos de exatidão às imagens de daguerreótipos".[15] A pintura do *juste milieu* só esperava ir a reboque da fotografia. Por isso, não é de se estranhar que ela não tivesse significado nada, ou ao menos nada de bom, para o desenvolvimento do ofício da fotografia. Onde quer que encontremos esse ofício sob a sua influência, topamos com a tentativa de fotógrafos, com a ajuda de cenários e figurantes reunidos nos seus ateliês, de imitar os pintores de temas históricos que, sob a ordem de Louis-Philippe, estavam decorando o palácio de Versailles com afrescos na época. Sem a menor hesitação fotografa-se o escultor Calímaco inventando o capitel coríntio olhando uma folha de acanto; compunham a cena de "Leonardo" pintando a "Mona Lisa" e fotografaram-na. A pintura do *juste mileu* encontrou em Courbet seu adversário, pois com ele a relação entre o pintor e o fotógrafo inverteu-se por um certo tempo. Seu quadro mais famoso, *La vague*, "A onda", equivale à des-

---

15. Auguste Galimard, *Examen du salon de 1849*, Paris o. J., p. 95. [N. de W.B.]

coberta de um assunto fotográfico pela pintura. Na época de Courbet, não se conhecia o registro do plano geral e do instantâneo. Sua pintura mostra o caminho para eles, equipando uma expedição para um mundo de formas e estruturas que apenas muitos lustros[16] mais tarde conseguiu fixar-se sobre chapas fotográficas.

O lugar especial que Courbet ocupa deve-se ao fato de que ele foi o último que pôde tentar ultrapassar a fotografia. Os que vieram depois buscaram escapar dela, a começar pelos impressionistas. Pintado, o quadro escapa do esboço desenhado, e com isso elimina de certa forma a concorrência com a câmera fotográfica. Prova disso é que a fotografia, na virada do século, tentou, por seu lado, imitar os impressionistas. Ela recorreu à emulsão de goma;[17] e sabe-se o quanto ela decaiu com esse procedimento. Aragon captou agudamente o contexto: "Os pintores... viram no aparato fotográfico um concorrente... eles tentaram fazer diferentemente dele. Essa foi sua grande ideia. Mas não reconhecer uma importante conquista da humanidade... deveria levá-los naturalmente a um comportamento reacionário. Os pintores tornaram-se com o tempo — isso vale mais para os mais talentosos — ... verdadeiros ignorantes.[18]

---

16. No original em alemão: *Lustren*, do latim *lustrum*, período de tempo de cinco anos que marcava o intervalo entre um sacrifício de purificação e outro na Roma Antiga. [N. T.]

17. No original em alemão: *Gummidrucken*, emulsão de goma ou goma bicromatada, técnica que corresponde a um processo de sensibilização do papel com dicromato de sódio e uma goma, exposto em seguida diretamente à luz solar. [N. T.]

18. *La querelle*, p. 64. Cf. a tese maligna de Dérain: "o maior perigo para a arte é o excesso de cultura. O verdaderio artista é um homem sem cultura" (*La querelle*, p. 163). [N. de W.B.]

CARTA PARISIENSE II

Aragon ocupou-se das questões deixadas de lado pela mais recente história da pintura em um escrito de 1930 intitulado *La peinture au défi*.[19] Quem desafia é a fotografia. O escrito refere-se à mudança que levou a pintura, que até então vinha evitando o enfrentamento com a fotografia, a encará-la de frente. Aragon explica a maneira como a pintura fez isso, reportando-se aos trabalhos de seus amigos surrealistas à época. Eles usaram diferentes procedimentos: "grudava-se um elemento fotográfico sobre uma pintura ou um desenho; ou acrescentava-se desenhando ou pintando sobre uma fotografia" (Aragon, p. 22). Aragon enumera ainda outros procedimentos, tais como a utilização das reproduções que por recortes ganham uma forma diferente daquilo que foi representado (pode-se assim recortar uma locomotiva de uma folha na qual está impressa uma rosa). Aragon acreditava que esse procedimento, no qual é possível reconhecer uma relação com o dadaísmo, era uma garantia da energia revolucionária da nova arte que ele confrontava com a arte tradicional: "A pintura manteve-se por muito tempo em uma posição confortável; ela adula o homem de gosto que paga por ela. Ela é artigo de luxo... Ora, reconhece-se nesses novos experimentos a possibilidade de que os pintores consigam libertar-se de sua domesticação pelo dinheiro. A colagem é pobre. Por muito tempo ainda não se reconhecerá o seu valor" (Aragon, p. 19).

Mas isso foi em 1930. Hoje, Aragon não escreveria mais essas frases. A tentativa dos surrealistas de lidar com a fotografia "artisticamente" falhou. Eles também cometeram o mesmo erro dos fotógrafos de arte comercial cujo credo pequeno-burguês deu título à famosa coleção de

---

19. Louis Aragon. *La peinture au défi*, Paris 1930. [N. de W.B.]

237

DIÁRIO PARISIENSE E OUTROS ESCRITOS

fotografia de Renger-Patzsch "*Die Welt ist schön*".[20] Eles compreenderam mal o impacto social da fotografia e por conseguinte a importância da legenda que, como pavio, conduz a centelha crítica até o amontoado de imagens (como se pode ver melhor em Heartfield). Aragon, por fim, ocupou-se de Heartfield;[21] e ele também aproveitou a oportunidade para apontar o elemento crítico na fotografia. Hoje, ele avista esse elemento até na obra aparentemente formalista de um virtuoso com a câmera como Man Ray. Ele argumentou no debate parisiense que, com Man Ray, a fotografia conseguiu reproduzir a maneira de pintar dos pintores mais modernos. "Quem não conhecesse os pintores aos quais Man Ray alude não poderia apreciar totalmente sua produção" (*La querelle*, p. 60).

Poderemos abandonar esta história cheia de tensão do encontro entre pintura e fotografia por meio da amável fórmula que Lhote mantém à disposição? Parecia-lhe incontestável "que a substituição muito debatida da pintura pela fotografia pudesse encontrar seu lugar na execução daquilo que poderíamos caracterizar como 'assuntos correntes'. À pintura, entretanto, resta então o misterioso domínio eternamente intocável do puramente humano" (*La querelle*, p. 102). Infelizmente essa construção não é nada mais do que uma armadilha que se arma nas costas do pensador liberal e o entrega indefeso ao fascismo. Muito mais longe alcançou o olhar do pintor de ideias canhestro, Antoine Wiertz, que escreveu há quase 100 anos por ocasião da primeira exposição mundial de fotografia: "Há poucos anos surgiu entre nós uma máquina, a glória

---

20. "O mundo é belo". [N. T.]

21. Louis Aragon, John Heartfield et la beauté révolutionnaire. *Commune*, ano 2, maio de 1935, p. 21. [N. de W.B.]

CARTA PARISIENSE II

da nossa geração, que diariamente causa admiração em nosso pensamento e espanto aos nossos olhos. Antes que mais de um século tenha passado, esta máquina será o pincel, a palheta, as cores, a habilidade, a experiência, a paciência, a agilidade, a precisão, o colorido, o verniz, o modelo, a conclusão, o extrato da pintura... Que não se acredite que o Daguerreótipo mate a arte... Quando o Daguerreótipo, esta criança gigante, tiver crescido, quando toda sua arte e força tiverem se desenvolvido, então o Gênio rapidamente vai colocar a mão na sua nuca e gritará: Por aqui! Você pertence a mim agora! Nós vamos trabalhar juntos".[22] Quem tiver diante de si as grandes pinturas de Wiertz saberá que o Gênio sobre quem ele fala é político. Ele considera que será no lampejo de uma grande inspiração social que pintura e fotografia irão fundir-se. Há uma verdade contida nesta profecia, apenas que não é nas obras, mas nos grandes mestres que se consumou tal fusão. Eles pertencem à geração de Heartfield e transformaram-se pela política de pintores a fotógrafos.

Essa mesma geração produziu pintores como George Grosz ou Otto Dix que trabalharam visando ao mesmo objetivo. A pintura não perdeu sua função. Basta não deformarmos nossa visão sobre elas, como o faz, por exemplo, Christian Gaillard. "Para que as lutas sociais sejam", assim diz, "o assunto das minhas Œuvres, então eu deveria ser visualmente tocado por elas" (*La querelle*, p. 190). Trata-se de uma formulação muito problemática para os estados fascistas contemporâneos, em cujas cidades e aldeias reina a "calma e a ordem". Gaillard não deveria fazer a experiência do processo inverso? Sua comoção social não resultará em inspiração visual? Assim aconte-

---

22. A. I. Wiertz, Œuvres littéraires, Paris, 1870, p. 309. [N. de W.B.]

DIÁRIO PARISIENSE E OUTROS ESCRITOS

ceu com os grandes caricaturistas, cuja sabedoria política de sua percepção fisionômica sedimentou-se não menos profundamente quanto a experiência do sentido do tato está em relação à percepção espacial. Mestres como Bosh, Hogarth, Goya, Daumier indicaram o caminho. "Dentre as obras mais importantes da pintura", escreve René Crevel, recentemente falecido, "precisou-se contar sempre aquelas que, justamente por exibirem uma decomposição, levantavam uma acusação contra aqueles que eram responsáveis por isso. De Grünewald até Dali, do Cristo apodrecido ao Burro apodrecido...[23] A pintura soube sempre... descobrir novas verdades que não eram verdades apenas da pintura" (*La querelle*, p. 154).

É da natureza da situação da Europa ocidental que a pintura tenha um efeito destruidor e purificador justamente quando se ocupa soberanamente das suas questões. Talvez isso não surja tão claramente em um país[24] que ainda tenha liberdade democrática como em um país onde o fascismo está no comando. Ali há pintores cuja pintura está proibida. (E a proibição raramente refere-se ao tema, mas na maioria das vezes ao modo de pintar dos artistas. Tão profundamente, assim, o fascismo é atingido pela forma dela enxergar a realidade). A polícia vai a esses pintores para controlar se não pintaram nada desde a última

---

23. Um quadro de Dali. [N. de W.B.]

24. Ainda por ocasião da grande mostra de Cézanne, o jornal parisiense *Choc* se colocou a tarefa de concluir com o "Bluff" de Cézanne. Essa mostra foi organizada pelo governo de esquerda da França "para desenhar o sentido artístico do próprio povo na sujeira". Assim a crítica. Aliás, há pintores que forneceram para todos os casos. Estão de acordo com Raoul Dufy, que escreve que se fosse alemão e devesse celebrar o triunfo de Hitler, faria à maneira de certos pintores do Medievo que pintaram imagens religiosas sem ser crentes" (cf. *La querelle*, p. 187). [N. de W.B.]

CARTA PARISIENSE II

Razzia, a revista policial. Eles trabalham à noite com as janelas cobertas por panos. Para eles, é bem pequena a tentação de pintar "segundo a natureza". Também a pálida paisagem de seus quadros, povoada de fantasmas ou monstros, não imita a natureza, mas o Estado classista. Em Veneza não se falou desses pintores, tampouco em Paris, infelizmente. Eles sabem o que é hoje útil em um quadro: cada marca secreta ou visível que mostre que o fascismo encontrou no homem barreiras tão intransponíveis quanto as que encontrou no globo terrestre.

HEDRA EDIÇÕES

1. *Don Juan*, Molière
2. *Contos indianos*, Mallarmé
3. *Triunfos*, Petrarca
4. *O retrato de Dorian Gray*, Wilde
5. *A história trágica do Doutor Fausto*, Marlowe
6. *Os sofrimentos do jovem Werther*, Goethe
7. *Dos novos sistemas na arte*, Maliévitch
8. *Metamorfoses*, Ovídio
9. *Micromegas e outros contos*, Voltaire
10. *O sobrinho de Rameau*, Diderot
11. *Carta sobre a tolerância*, Locke
12. *Discursos ímpios*, Sade
13. *O príncipe*, Maquiavel
14. *Dao De Jing*, Lao Zi
15. *O fim do ciúme e outros contos*, Proust
16. *Pequenos poemas em prosa*, Baudelaire
17. *Fé e saber*, Hegel
18. *Joana d'Arc*, Michelet
19. *Livro dos mandamentos: 248 preceitos positivos*, Maimônides
20. *O indivíduo, a sociedade e o Estado, e outros ensaios*, Emma Goldman
21. *Eu acuso!*, Zola | *O processo do capitão Dreyfus*, Rui Barbosa
22. *Apologia de Galileu*, Campanella
23. *Sobre verdade e mentira*, Nietzsche
24. *O princípio anarquista e outros ensaios*, Kropotkin
25. *Os sovietes traídos pelos bolcheviques*, Rocker
26. *Poemas*, Byron
27. *Sonetos*, Shakespeare
28. *A vida é sonho*, Calderón
29. *Escritos revolucionários*, Malatesta
30. *Sagas*, Strindberg
31. *O mundo ou tratado da luz*, Descartes
32. *Fábula de Polifemo e Galateia e outros poemas*, Góngora
33. *A vênus das peles*, Sacher-Masoch
34. *Escritos sobre arte*, Baudelaire
35. *Cântico dos cânticos*, [Salomão]
36. *Americanismo e fordismo*, Gramsci
37. *O princípio do Estado e outros ensaios*, Bakunin
38. *Balada dos enforcados e outros poemas*, Villon
39. *Sátiras, fábulas, aforismos e profecias*, Da Vinci
40. *O cego e outros contos*, D.H. Lawrence
41. *Rashômon e outros contos*, Akutagawa
42. *História da anarquia (vol. 1)*, Max Nettlau
43. *Imitação de Cristo*, Tomás de Kempis
44. *O casamento do Céu e do Inferno*, Blake
45. *Flossie, a Vênus de quinze anos*, [Swinburne]
46. *Teleny, ou o reverso da medalha*, [Wilde et al.]
47. *A filosofia na era trágica dos gregos*, Nietzsche
48. *No coração das trevas*, Conrad
49. *Viagem sentimental*, Sterne
50. *Arcana Cælestia e Apocalipsis revelata*, Swedenborg
51. *Saga dos Volsungos*, Anônimo do séc. XIII
52. *Um anarquista e outros contos*, Conrad
53. *A monadologia e outros textos*, Leibniz
54. *Cultura estética e liberdade*, Schiller

55. *Poesia basca: das origens à Guerra Civil*
56. *Poesia catalã: das origens à Guerra Civil*
57. *Poesia espanhola: das origens à Guerra Civil*
58. *Poesia galega: das origens à Guerra Civil*
59. *O pequeno Zacarias, chamado Cinábrio*, E.T.A. Hoffmann
60. *Entre camponeses*, Malatesta
61. *O Rabi de Bacherach*, Heine
62. *Um gato indiscreto e outros contos*, Saki
63. *Viagem em volta do meu quarto*, Xavier de Maistre
64. *Hawthorne e seus musgos*, Melville
65. *A metamorfose*, Kafka
66. *Ode ao Vento Oeste e outros poemas*, Shelley
67. *Feitiço de amor e outros contos*, Ludwig Tieck
68. *O corno de si próprio e outros contos*, Sade
69. *Investigação sobre o entendimento humano*, Hume
70. *Sobre os sonhos e outros diálogos*, Borges | Osvaldo Ferrari
71. *Sobre a filosofia e outros diálogos*, Borges | Osvaldo Ferrari
72. *Sobre a amizade e outros diálogos*, Borges | Osvaldo Ferrari
73. *A voz dos botequins e outros poemas*, Verlaine
74. *Gente de Hemsö*, Strindberg
75. *Senhorita Júlia e outras peças*, Strindberg
76. *Correspondência*, Goethe | Schiller
77. *Poemas da cabana montanhesa*, Saigyō
78. *Autobiografia de uma pulga*, [Stanislas de Rhodes]
79. *A volta do parafuso*, Henry James
80. *Ode sobre a melancolia e outros poemas*, Keats
81. *Carmilla — A vampira de Karnstein*, Sheridan Le Fanu
82. *Pensamento político de Maquiavel*, Fichte
83. *Inferno*, Strindberg
84. *Contos clássicos de vampiro*, Byron, Stoker e outros
85. *O primeiro Hamlet*, Shakespeare
86. *Noites egípcias e outros contos*, Púchkin
87. *Jerusalém*, Blake
88. *As bacantes*, Eurípides
89. *Emília Galotti*, Lessing
90. *Viagem aos Estados Unidos*, Tocqueville
91. *Émile e Sophie ou os solitários*, Rousseau
92. *Manifesto comunista*, Marx e Engels
93. *A fábrica de robôs*, Karel Tchápek
94. *Sobre a filosofia e seu método — Parerga e paralipomena (v. ii, t. 1)*, Schopenhauer
95. *O novo Epicuro: as delícias do sexo*, Edward Sellon
96. *Revolução e liberdade: cartas de 1845 a 1875*, Bakunin
97. *Sobre a liberdade*, Mill
98. *A velha Izerguil e outros contos*, Górki
99. *Pequeno-burgueses*, Górki
100. *Primeiro livro dos Amores*, Ovídio
101. *Educação e sociologia*, Durkheim
102. *A nostálgica e outros contos*, Papadiamántis
103. *Lisístrata*, Aristófanes
104. *A cruzada das crianças/ Vidas imaginárias*, Marcel Schwob
105. *O livro de Monelle*, Marcel Schwob
106. *A última folha e outros contos*, O. Henry
107. *Romanceiro cigano*, Lorca
108. *Sobre o riso e a loucura*, [Hipócrates]
109. *Hino a Afrodite e outros poemas*, Safo de Lesbos
110. *Anarquia pela educação*, Élisée Reclus
111. *Ernestine ou o nascimento do amor*, Stendhal

112. *Odisseia*, Homero
113. *O estranho caso do Dr. Jekyll e Mr. Hyde*, Stevenson
114. *História da anarquia (vol. 2)*, Max Nettlau
115. *Sobre a ética — Parerga e paralipomena (v. II, t. II)*, Schopenhauer
116. *Contos de amor, de loucura e de morte*, Horacio Quiroga
117. *Memórias do subsolo*, Dostoiévski
118. *A arte da guerra*, Maquiavel
119. *Elogio da loucura*, Erasmo de Rotterdam
120. *Oliver Twist*, Dickens
121. *O ladrão honesto e outros contos*, Dostoiévski
122. *Sobre a utilidade e a desvantagem da história para a vida*, Nietzsche
123. *Édipo Rei*, Sófocles
124. *Fedro*, Platão
125. *A conjuração de Catilina*, Salústio
126. *O chamado de Cthulhu*, H. P. Lovecraft

METABIBLIOTECA

1. *O desertor*, Silva Alvarenga
2. *Tratado descritivo do Brasil em 1587*, Gabriel Soares de Sousa
3. *Teatro de êxtase*, Pessoa
4. *Oração aos moços*, Rui Barbosa
5. *A pele do lobo e outras peças*, Artur Azevedo
6. *Tratados da terra e gente do Brasil*, Fernão Cardim
7. *O Ateneu*, Raul Pompeia
8. *História da província Santa Cruz*, Gandavo
9. *Cartas a favor da escravidão*, Alencar
10. *Pai contra mãe e outros contos*, Machado de Assis
11. *Iracema*, Alencar
12. *Auto da barca do Inferno*, Gil Vicente
13. *Poemas completos de Alberto Caeiro*, Pessoa
14. *A cidade e as serras*, Eça
15. *Mensagem*, Pessoa
16. *Utopia Brasil*, Darcy Ribeiro
17. *Bom Crioulo*, Adolfo Caminha
18. *Índice das coisas mais notáveis*, Vieira
19. *A carteira de meu tio*, Macedo
20. *Elixir do pajé — poemas de humor, sátira e escatologia*, Bernardo Guimarães
21. *Eu*, Augusto dos Anjos
22. *Farsa de Inês Pereira*, Gil Vicente
23. *O cortiço*, Aluísio Azevedo
24. *O que eu vi, o que nós veremos*, Santos-Dumont

«SÉRIE LARGEPOST»

1. *Dao De Jing*, Lao Zi
2. *Escritos sobre literatura*, Sigmund Freud
3. *O destino do erudito*, Fichte
4. *Diários de Adão e Eva*, Mark Twain
5. *Diário de um escritor (1873)*, Dostoiévski

«SÉRIE SEXO»

1. *A vênus das peles*, Sacher-Masoch
2. *O outro lado da moeda*, Oscar Wilde
3. *Poesia Vaginal*, Glauco Mattoso
4. *Perversão: a forma erótica do ódio*, Stoller
5. *A vênus de quinze anos*, [Swinburne]
6. *Explosao: romance da etnologia*, Hubert Fichte

COLEÇÃO «QUE HORAS SÃO?»

1. *Lulismo, carisma pop e cultura anticrítica*, Tales Ab'Sáber
2. *Crédito à morte*, Anselm Jappe
3. *Universidade, cidade e cidadania*, Franklin Leopoldo e Silva
4. *O quarto poder: uma outra história*, Paulo Henrique Amorim
5. *Dilma Rousseff e o ódio político*, Tales Ab'Sáber
6. *Descobrindo o Islã no Brasil*, Karla Lima
7. *Michel Temer e o fascismo comum*, Tales Ab'Sáber
8. *Lugar de negro, lugar de branco?*, Douglas Rodrigues Barros

COLEÇÃO «ARTECRÍTICA»

1. *Dostoiévski e a dialética*, Flávio Ricardo Vassoler
2. *O renascimento do autor*, Caio Gagliardi
3. *O homem sem qualidades à espera de Godot*, Robson de Oliveira

«NARRATIVAS DA ESCRAVIDÃO»

1. *Incidentes da vida de uma escrava*, Harriet Jacobs
2. *Nascidos na escravidão: depoimentos norte-americanos*, WPA
3. *Narrativa de William W. Brown, escravo fugitivo*, William Wells Brown

COLEÇÃO «WALTER BENJAMIN»

1. *O contador de histórias e outros textos*, Walter Benjamin
2. *Diário parisiense e outros escritos*, Walter Benjamin

Adverte-se aos curiosos que se imprimiu este livro em nossas
oficinas, em 8 de dezembro de 2020, em tipologia Libertine, com
diversos sofwares livres, entre eles, LuaLᴬTEX, git & ruby.
(v. 8fd18d3)